ヒロシマ・ピョンヤン

棄てられた被爆者

伊藤孝司
Itoh Takashi

CONTENTS

在朝被爆者と日本の私たち　伊藤孝司

なぜ在朝被爆者映画なのか

私が「在朝被爆者」の映画を構想し始めたのは二〇〇七年秋。李桂先《リゲソン》さんの日本での「被爆者健康手帳」取得の話が進んだ時である。平壌《ピョンヤン》から桂先《ケソン》さんに同行し、広島での手帳取得の一部始終と母親との再会を中心とした映画を考えた。そして、朝鮮民主主義人民共和国（以下、朝鮮）の関係機関との取材交渉を始めた。

ところが桂先さんの来日は実現しなかった。日朝間に立ちはだかる壁は、予想以上に高かったのである。そのためこの構想の実現は、日朝関係が少しでも良くなるまで待つことも考えた。ただ、朝鮮で暮らす被爆者たちの健康状態を考えるならば、すぐに撮影する必要性がある。今までに私が取材した植民地支配や侵略戦争の被害者の多くがすでに亡くなっているからだ。

桂先さんは被爆者たちの中でも健康状態が良くない。二〇〇六年三月に初めて会った時の、両手の指に巻いた包帯が目に焼きついていた。そのため、桂先さんの日常生活を淡々と撮る中で、朝鮮で暮らす被爆者たちの思いや後遺症との闘い、そして「在朝被爆者」問題や現在の日朝関係までも描くことを決めた。

また、桂先さんを選んだ理由として、一九六〇年の帰国から長い歳月が過ぎているにもかかわらず、日本語を今でもほとんど忘れていないということも大きい。この映画をもっとも見て欲しいのは日本社会である。朝鮮語を翻訳した上に文字数が限定された字幕にするよりも、流暢な日本語で語りかける方がはるかに桂先さんの思いが伝わるからだ。

この映画撮影のための訪朝は二〇〇八年六月と九月、そして二〇〇九年四月の三回。それぞれ二週間ほど滞在した。ビデオカメラを回した時間は、朝鮮では約八三時間で、広島を合わせると約九三時間になった。映像はそれ以外に、動画・写真・絵画などをいろんな団体からたくさん借りた。それをシナリオに沿って一五〇分につなぎ、身を切られる思いで少しずつ削って何とか九〇分にした。

編集に際して留意したことがある。まず、中学生・高校生でも理解できるように分かりやすくしたことだ。また、この作品をそのまま英訳しても、「ヒロシマ・ナガサキ」をあまり知らない外国の人々にも理解できるようにした。そのために作品が説明的になりすぎて、クオリティーが犠牲になるのも仕方がないと割り切った。

他には、写真を多用したことである。一瞬を切り取った静止画像の方が観客の目にいつまでも焼きつくと考え、効果的に使うことにした。私が今までに撮影してきた韓国・朝鮮人被爆者や朝鮮の人々の日常の姿などを、動画ではなくあえて写真で入れた。また、「広島平和記念資料館」から借用した被爆直後の広島市内の写真や、市民の書いた原爆の絵を使用した。そして、桂先さんのアルバムにある昔の写真もたくさん使わせてもらった。アルバムには、日本にいた時の民族学校で撮ったものや、帰国船の上・帰国後の大学生活・結婚式・新婚時代といった貴重な写真があった。

編集作業に入っていた二〇〇九年五月二五日に、朝鮮は二回目の核実験を実施。隙あらば朝鮮を叩き潰そうとしてきた米国に対し、核兵器で自衛しようというのだ。私は、いかなる理由であっても核兵器の開発や使用は決して許されないと思っている。核の「平和利用」とされている原子力発電にも反対している。

「在朝被爆者」は米国による原爆投下の時に、広島・長崎にいたために被爆した人たちだ。現在暮らしているのが朝鮮というだけであり、朝鮮の政府による核開発とは関係はない。しかし、被爆者であっても自分の国の核実験を支持しているという現状を映画で触れることにした。また、最高指導者への敬愛の念の表明や、軍事パレードの映像もあえて入れることにした。

それは、桂先さんに親しみを抱きながら映画を見ている観客に冷や水を浴びせることになるかも知れない。しかし、朝鮮の人々・「在朝被爆者」のありのままの気持ちを、きちんと伝えた方が良いと考えた。自分の国と政治・社会・文化などが異なっていても、自分の考えと違っていようとも、相違点や批判点をはっきりとさせながら相手を理解しようとすることが大切だからである。

韓国・朝鮮人被爆者とのかかわり

私は、日本による植民地支配や侵略戦争によるアジア太平洋の国々の被害者を取材してきた。その数は七〇〇人近くにもなる。その仕事の原点は、朝鮮人被爆者との出会いにある。

一九八三年、水俣《みなまた》病の取材で訪れた熊本県水俣市で、『被爆朝鮮・韓国人の証言』を執筆した鎌田定夫氏とたまたま出会い、在日韓国・朝鮮人被爆者の存在を教えられた。私は一九八一年から広島・長崎へ撮影に通っていたが、朝鮮人などの外国人も原爆によって傷つき死亡したことはまったく知らなかった。

その事実に大きな衝撃を受けた私は、それからすぐに在日韓国・朝鮮人被爆者たちの取材に取り組んだ。一九八五年には鎌田氏らと韓国へも行き、その二年後に『原爆棄民　韓国・朝鮮人被爆者の証言』として本と写真展で発表。

この被爆者取材が発展し、強制連行・徴兵・日本軍によって性奴隷にされた女性などの被害者を訪ねて韓国や台湾へひんぱんに行くようになった。さらには、日本が軍隊を送り込んだアジア太平洋の国々まで足を伸ばした。

その中で、取材の「空白」となっていたのが朝鮮だった。日本による被害者のこと以外には何の関心もないまま、一九九二年から訪ねるようになった。その朝鮮での取材は、数多くの雑誌と『平壌からの告発』『続　平壌からの告発』（共に風媒社）という二冊の書籍で発表。また、二〇〇三年には日本軍による性奴隷被害者をテーマにした『アリラン峠を越えて』、二〇〇六年には強制連行被害者を取り上げた『銀のスッカラ』というビデオでのドキュメンタリー作品を制作した。それに続く三作目がこの『ヒロシマ・ピョンヤン　棄てられた被爆者』である。

私が長年にわたってアジア太平洋の被害者取材にこだわってきた理由は、日本が再び加害者にならないためである。日本人の戦争での被害体験は語られたり記録されたりしても、日本から被害を受けたアジア太平洋の人々の訴えはごくわずかしか日本へ届いていない。日本の政府と社会だけでなく、メディアやジャーナリストの多くがそうした声を無視してきたといった方が正確だろう。しかし、日本にとって隠しておきたい過去であっても、それと正面から向き合うことからしか、アジア太平洋で暮らす人々との心からの信頼関係を築くことはできないと思う。

そうした被害者たちが自らの体験から語る外国による支配と戦争の悲惨さ・非人道性は、侵略と戦争の大きな抑止力となる。被害者からの苦しみと悲しみ、そして怒りに満ちた証言は、聞く人の心を大きく揺り動かす力を持っているからだ。とりわけ十代二十代といった若い世代へは、リアリティーのあるこうした証言は大きな説得力がある。

だが、どの被害者たちもあまりにも高齢となってしまい、証言のために来日することがますます困難になってきた。被害者が直接語るほどの力はないものの、彼らに代わってその思いを少しでも日本社会へ伝えることと、被害体験の記録を後世へ残すことが必要だと考え、三〇年近くもこの仕事を続けてきた。

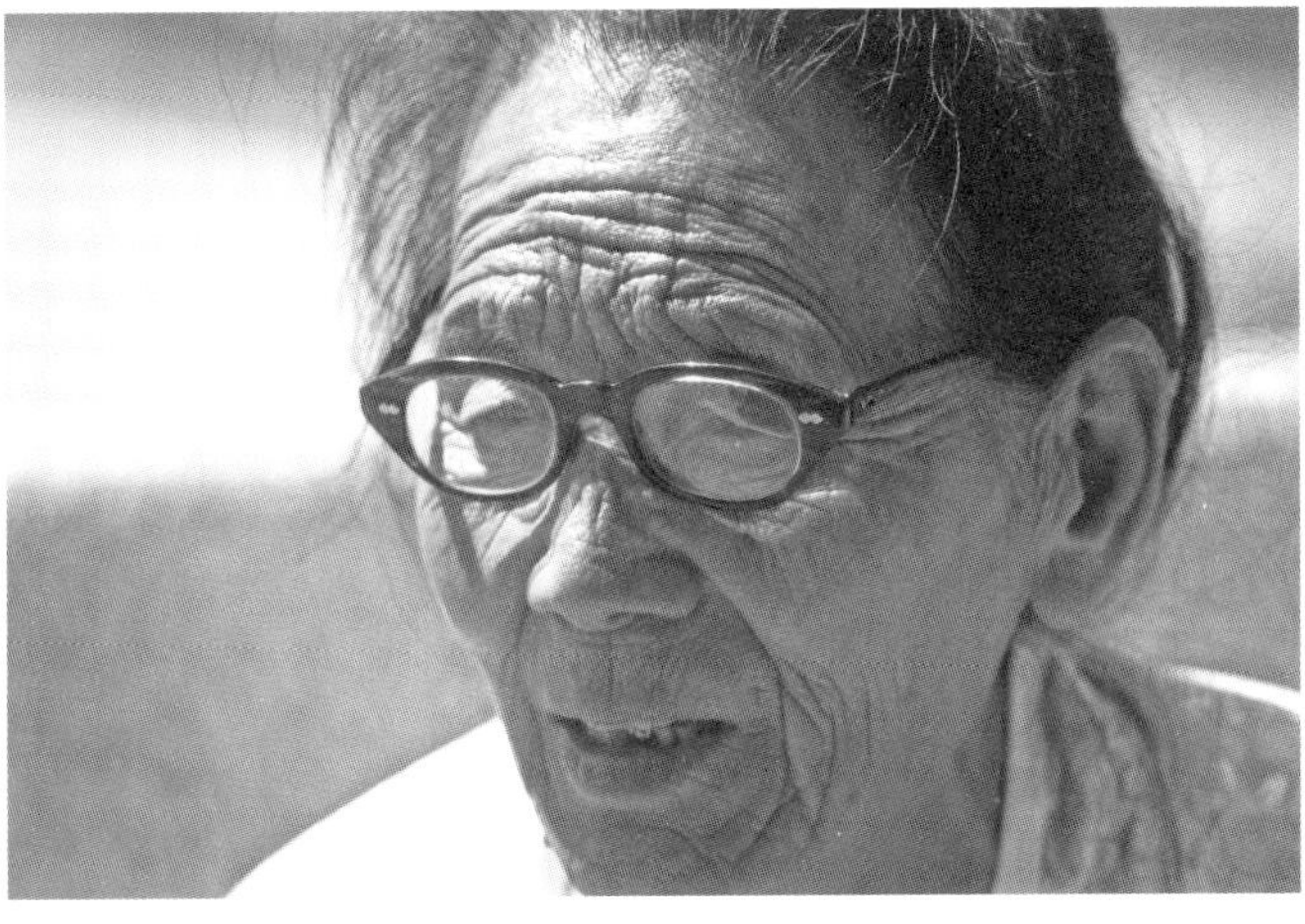

朝鮮人にとっての「被爆」の意味

映画「ヒロシマ・ピョンヤン」には、私が伝えたい最低限のことしか入れることができなかったため、「在朝被爆者」についての理解を深めてもらうために少し補足したい。

＊

米国が投下した原子爆弾によって広島で約四二万人、長崎で約二七万人が被爆。その中には広島で約五万人、長崎で約二万人の朝鮮人がいた。その生存者で朝鮮半島へ帰国したのは、広島から約一万五〇〇〇人、長崎からは約八〇〇〇人で、朝鮮半島の南側へは約二万人、北側へは約三〇〇〇人と推測されている。

被爆者問題は、日本人の「被害」という側面から捉えられることがほとんどだ。しかし被爆したのは同じであっても、日本人と韓国・朝鮮人とではその意味はまったく異なる。日本人にとってこの被爆は、米国から受けた「被害」である。だが、日本による直接的な強制連行や朝鮮支配の結果として日本へ渡らざるを得なくて広島・長崎で被爆した朝鮮人にとっては、日本による「加害」でしかない。

朝鮮人と日本人での「被爆」ということの意味の違いを、鎌田定夫氏が的確に解説している。

韓国・朝鮮人被爆者の証言と日本人被爆者の証言とは、「原爆と人間」という一般的な視点から見る限り、原爆に対する憎しみや怒り、恐怖感など、階級や民族を超えた共通の型を示している。しかし、一歩踏み込んで、社会的、民族的存在として両者を対比していく時、そこには、つぎのようないくつかの異なる特徴が存在する。

第一に、韓国・朝鮮人被爆者の証言のすべてが、なぜ自分や親たちが日本に渡り、広島・長崎に行かねばならなかったのか、という被爆前史からはじまり、それは必然的に一九一〇年の日韓併合と「日帝支配三六年」に行き着くことになる。つまり、アメリカの原爆攻撃の前に、日本による朝鮮の略奪とアジア侵略の一五年の戦争があり、その時点において彼らはすでに母国を追われ、いっさいの権利と生活、文化をじゅうりんされた棄民、あるいは流民として渡日し、その多くが強制連行、あるいは一家離散の悲劇を体験しており、渡日後の差別と抑圧の体験もまた深刻であった。このことは、あとで彼らの多くが「原爆も地獄だったが、炭坑も軍隊も地獄だった」と証言したことによっても裏付けられる。

第二に、被爆時の状況が日本人の場合と異なり、その多くが戸外での作業中か、粗末な飯場内での被爆であったために、被害もそれだけ深刻で、被爆後の救援も日本語が話せぬために手遅れになったり、時には放置されるという事態も起った。

「アイゴー！（ああ！）」という悲鳴が差別ないし忌避の対象ともなった。

また、彼らの多くは流民で頼るべき身寄りや共同体を持たず、広島のように戦前からの移住者が多い場合でも、爆心地に近く、共同体自体が崩壊し、新しい離散と死別が相ついだのである。

第三に、戦後の韓国・朝鮮人被爆者たちの健康と生活・権利の問題をあげねばならない。それは日本、韓国、朝鮮民主主義人民共和国のどこに居住するかによって条件が異なり、画一化できないが、日本残留、帰国のいずれの場合も、日本人被爆者とは異なる幾重もの苦難を背負わされることになった。祖国分断、朝鮮戦争などの朝鮮半島をめぐる戦後史の悲劇は、彼らの苦痛を倍加し、日本残留者の場合でも、日本政府の一貫した外国人差別、抑圧政策によって市民権を奪われ、生活、健康、精神のすべての面で、深刻な苦痛を味あわされた。

韓国に帰還した被爆者の場合には、病気や貧困に加えて、言語・習慣の違いや、戦中の日本への協力などの理由による差別、原爆症の知識欠如から来る偏見など、精神的苦悩はさらに大きく、しかもそれはいっそう増幅しつつ今日まで持続しているのである。

第四に、このような二重三重の苦悩を背負わされた韓国・朝鮮人被爆者たちの意識の問題を挙げねばならない。彼らにとって日本人の被爆は、あのような無謀な侵略を起し、自ら原爆を招く結果になっただけのことであるが、その被爆の苦しみをなぜわれわれが強いられるのか、一切の原因は日本人にあり、日本帝国主義にある、という激しい憎悪と恨みを、彼らの多くが抱いていたことである。たとえば、一九七八年に広島県朝鮮人被爆者協議会がまとめた広島在住朝鮮人被爆者の実態調査の結果では、「被爆の責任」を「日本」と答えている人が一六八人で全体の八〇パーセントを占めていることでも、このことがわかる。

もちろん、原爆投下の直接の命令者はトルーマンであり、アメリカはその非道な加害責任を全面的に取らねばならない。しかし、このことは、日本政府の朝鮮略奪や侵略戦争という、原爆前の加害行為を免罪にすることにはならない。まして日本政府は、サンフランシスコ条約でアメリカに対する賠償請求権を放棄した以上、日本の被爆者へはもちろんだが、それ以上に、まず韓国・朝鮮人被爆者への国家補償を行うべきであろう。

こうして、韓国・朝鮮人被爆者とは、アメリカの原爆犯罪と同時に日本の侵略戦争犯罪をも告発する存在であり、また戦後から今日に至るそれらの犯罪の隠蔽と加害放置の責任、さらには新たな核戦争への陰謀を、もっとも鋭く告発してやまぬ存在なのである。

（『原爆棄民』の解説より）

在外被爆者の闘いと現状

広島と長崎では、さまざまな理由でそこにいた朝鮮・中国・台湾・東南アジア諸国の人々や、オランダ・英国・米国の連合軍捕虜などが被爆。日本の敗戦により、すでに生活基盤が出来ていたため残留した朝鮮人被爆者もいるが、その多くが帰国した。

広島・長崎で被爆し、日本以外の国で暮らしている被爆者を「在外被爆者」と呼んでいる。韓国・朝鮮人など帰国した外国人被爆者と、海外で暮らす日系人・日本人被爆者である。米国やカナダの日系人被爆者は、アジア太平洋戦争が始まる前に日本へ里帰りしていて被爆。ブラジル・ペルー・ボリビアの日本人被爆者は、戦後に南米へ移り住んだ人たちである。

日本にいる被爆者へは日本政府から毎月、「健康管理手当」などいくつかの手当てが支給されている。「在外被爆者」の約九〇パーセントを占める韓国・米国・ブラジルの被爆者たちは、「被爆者はどこにいても被爆者」を合言葉に、日本の被爆者と同じ援護措置を日本政府に求めて運動してきた。韓国の被爆者らは、いくつもの裁判を起こした。そうした結果、自分の国にいても日本政府からの手当てを受け取ることができるようになった。

だがその申請の条件となっている「被爆者健康手帳」の取得が、高齢の被爆者には大きな障害だった。手帳取得のための一回だけの訪日ができない人が多くいたのだ。新たな裁判が起こされた結果、二〇〇八年六月になって「被爆者援護法」が改正。ようやく、海外にある日本の大使館など公館での手帳の申請・取得が可能になった。

日本政府は、日本から被害を受けたアジア太平洋諸国の人たちからの謝罪・補償の要求を頑なに拒否し、いくつかの人道的措置の実施だけで済ませようとしてきた。そうした日本政府の姿勢からすれば、この「在外被爆者」への援護措置実施は画期的ともいえる。オランダ人のロナルド・ショルテさんは、長崎市にあった「福岡捕虜収容所第一四分所」に捕虜として収容されていて被爆。ハーグの日本大使館で手帳申請を行ない、二〇〇九年三月に長崎市から発行を受けた。

ただ問題は残されており、手帳取得を希望しながらも申請ができない被爆者がたくさんいる。申請に必要な罹災《りさい》証明書や証人二人を、被爆からあまりにも歳月が過ぎた今からでは探し出すことができないからだ。「在外被爆者」の手帳取得の条件を緩和する必要があるだろう。

棄てられた在朝被爆者

「在外被爆者」であっても、日本政府から何の措置も受けられずにいるのが朝鮮で暮らす被爆者だ。

この「在朝被爆者」は、「反核平和のための朝鮮被爆者協会」（以下、被爆者協会）に登録されている。その協会が「住所案内所」「各級人民委員会」、被爆者治療と健康診断を実施している「医学科学院放射線医学研究所」などの機関と連携し、被爆者の実態調査を実施。その結果、二〇〇七年末時点で一九一一人の被爆者を確認したもののすでに一五二九人が死亡しており、健在なのは三八二人であることが分かった。調査から二年以上が過ぎた今では、健在な人はさらに減ってしまっているだろう。

確認された被爆者一九一一人のうち、男性は一六三五人（八五・五五パーセント）で女性は二七六人（一四・四四パーセント）。生存者三八二人での男女比は、男性二二八人（生存者の七三・八二パーセント、男性被爆者全体の一七・二四パーセント）、女性一五四人（生存者の四〇・三一パーセント、女性被爆者全体の五五・七九パーセント）となっている。

確認された被爆者とその生存者の居住地

道別	被爆者数	生存者数		
		広島	長崎	計
江原道	341	19	12	31
両江道	20	9	1	10
慈江道	20	1	1	2
平安南道	340	56	12	68
平安北道	166	24	2	26
平壌市	128	20	3	23
咸境南道	269	42	20	62
咸境北道	166	36	14	50
黄海南道	390	40	29	69
黄海北道	71	34	7	41
計	1911	281	101	382

生存者の年齢階層

年齢	生存者数	比率
62〜65歳	93人	24・34%
66〜70歳	91人	23・82%
71〜75歳	55人	14・39%
76〜80歳	57人	14・92%
81歳以上	86人	22・51%
計	382人	100%

死亡時期

時期	死亡者数	被爆者全体での死亡率
1949年まで	7人	0・36％
1950〜1959年	25人	1・30％
1960〜1969年	55人	2・87％
1970〜1979年	196人	10・25％
1980〜1989年	289人	15・12％
1900〜1999年	432人	22・60％
2000〜2007年	525人	27・47％
計	1529人	80・01％

この実態調査によって、次のことも判明した。

一、生存者が加速度をつけて急激に減少している。生存者のほとんどが七〇〜八〇歳という高齢で、適切な医療対策を早急に講じないとさらに激減が予想される。

二、高齢の被爆者への専門的治療を、速やかに実施しなければならない。被爆者は同年齢の人と比べて病気に対する抵抗力と労働能力が著しく劣っているため、総合的かつ多面的な治療が必要。

三、調査で確認されていない被爆者がたくさんいると推測される。確認された一九一一人のうち、長崎の被爆者は一〇七四人で全体の五六・二パーセントを占めている。これは長崎へ強制連行されて被爆した朝鮮人名簿が複数あったため、長崎被爆者の調査が進んだことによる。「在朝被爆者」も広島被爆者の方が多いと推測できる。つまり、まだ登録されていない広島での被爆者が数多くいるのは間違いない。

なお被爆者の疾病は、もっとも多いのが循環器で、脳神経、消化器、感覚器、末梢神経、呼吸器、皮膚、泌尿器・生殖器、性腫瘍、打撲・火傷後遺症の順になっている。

日本政府は「在朝被爆者」に対して、援護措置を検討したことがある。韓国の被爆者へ実施したのと同じように、被爆者を日本へ招いての検査・治療や、朝鮮の医師への被爆者治療の教育を日本で行なうことなどの話が何度か出た。

二〇〇一年には、外務省・厚生労働省による日本政府調査団が平壌へ派遣された。「被爆者協会」への登録者が二〇〇〇年末現在で一三五三人、そのうち生存者が九二八人であることをこの時に確認した。そして日本政府は、「在朝被爆者」の実態把握後に援護措置を検討することになったが、日朝関係の悪化によって現在に到るまで動きは止まったままだ。「在外被爆者」への日本政府による援護措置がそれなりに進んだ一方で、棄てられた「在朝被爆者」との格差がさらに広がりつつある。

こうした状況の中で、民間での支援の動きがある。二〇〇七年一二月には「在朝被爆者支援連絡会」が、「原水禁国民会議」「広島原水禁」「長崎原水禁」「在日本朝鮮人被爆者連絡協議会」「ピースボート」などで結成され、二〇〇八年六月に訪朝した。

もう一つは、「広島県医師会」による医療支援である。「広島県医師会」は、北米の日系人被爆者・南米の日本人被爆者への医療支援を三〇年間も続けてきたという実績を持つ。「核戦争防止国際医師会議（IPPNW）」の日本支部長でもある碓井静照会長が、二〇〇七年六月のモンゴルでの「IPPNW」北アジア地域会議で朝鮮代表団と交流したことで、二〇〇八年六月に理事一人を平壌へ送った。

そして九月には、碓井会長を団長とする「広島県医師会」の九人が訪朝。被爆者への聞き取りや「被爆者協会」「反核平和のための医師協会」との意見交換を行い、被爆者治療を実際に行なっている金萬有《キムマンユ》病院を視察した。だがこうした動きは、二〇〇九年五月に朝鮮が核実験を行なったことによって止まった。

李桂先さんの手帳取得

二〇〇七年一〇月に訪朝した「原水禁国民会議」と「在日本朝鮮人被爆者連絡協議会」の李実根《リシルグン》会長は李桂先さんと会い、桂先さんの証言内容と広島県が保管する母親の被爆記録とが一致することを確認。桂先さんは、手帳の発行条件を満たしていることが判明した。

手帳取得のためには日本で手続きをする必要があったが、日本政府は朝鮮への経済制裁により朝鮮国民の入国を認めていない。ところが谷内《やち》正太郎・外務次官（当時）は広島市での被爆者団体との懇談会において、「実現の方向で対処する」と表明。外務省で改めて被爆者団体と協議した結果、日本政府は人道的問題として対応して桂先さんの入国を認めることになり、来日費用を日本側で負担することも検討するとの考えを示した。谷内次官は「問題が解決できるようお互い頑張りましょう」とまで話した。これは当時の福田政権が、「被爆者健康手帳」取得のための「在朝被爆者」の入国という極めて人道的で誰からも理解されやすい措置の実施を、日朝関係改善のための朝鮮側への重要なメッセージにしようとしていたのだろう。

桂先さんの来日は、早ければ二〇〇七年末までに実現するのではと思われていたが、朝鮮政府は同年一一月下旬に「日本によって生み出されたわが国の被爆者問題の本質を紛らわす」としてこれを拒否。また、桂先さんに同行する関係者の入国条件について、日本政府と合意できなかったこともその理由とした。それは、同じような前例が何度もあるからだ。東京の祐天寺には、旧日本軍に動員されて戦死した朝鮮人軍人・軍属の遺骨が厚生労働省によって保管されている。その中にある父親の遺骨引き取りのために訪日しようとした遺族に対し、日本政府は遺族の入国は認めたものの同行者を不許可にした。

現在、「在朝被爆者」の中で「被爆者健康手帳」を所持していることが確認されているのは、「被爆者協会」副会長の朴文淑《パクムンスク》さんだけである。朝鮮の被爆者代表として参加した一九九二年の「原水禁大会」の際に長崎で取得した。朴さんや桂先さんは帰国事業による帰国者だが、その中には手帳を持っていた人もたくさんいた。ところが、帰国の際に返納や破棄をしたり、朝鮮での生活の中で紛失したりしたという。つまり桂先さん以外にも、再発行によって手帳取得がすぐにでも可能な被爆者たちが朝鮮にはいるのだ。

「在朝被爆者」が手帳取得をするのには、現状では不可能な日本まで出向くという方法の他に、中国など海外の日本政府公館へ行くか、平

壊に日本政府の公館が開設されるのを待つかしかないと私は思っていた。ところが、朝鮮と同じように日本との国交がない台湾の被爆者は、台湾にいながら手帳を取得しているのだ。それは日本政府が、台湾にある「財団法人 交流協会」での手帳申請の受付を認めているためである。つまり桂先さんら「在朝被爆者」への手帳発行は、日本政府がやる気になればいくらでもその方法は見つかるということだ。それを行なわないのは怠慢というより、敵視している国には何もしなくて良いと考えているためだ。

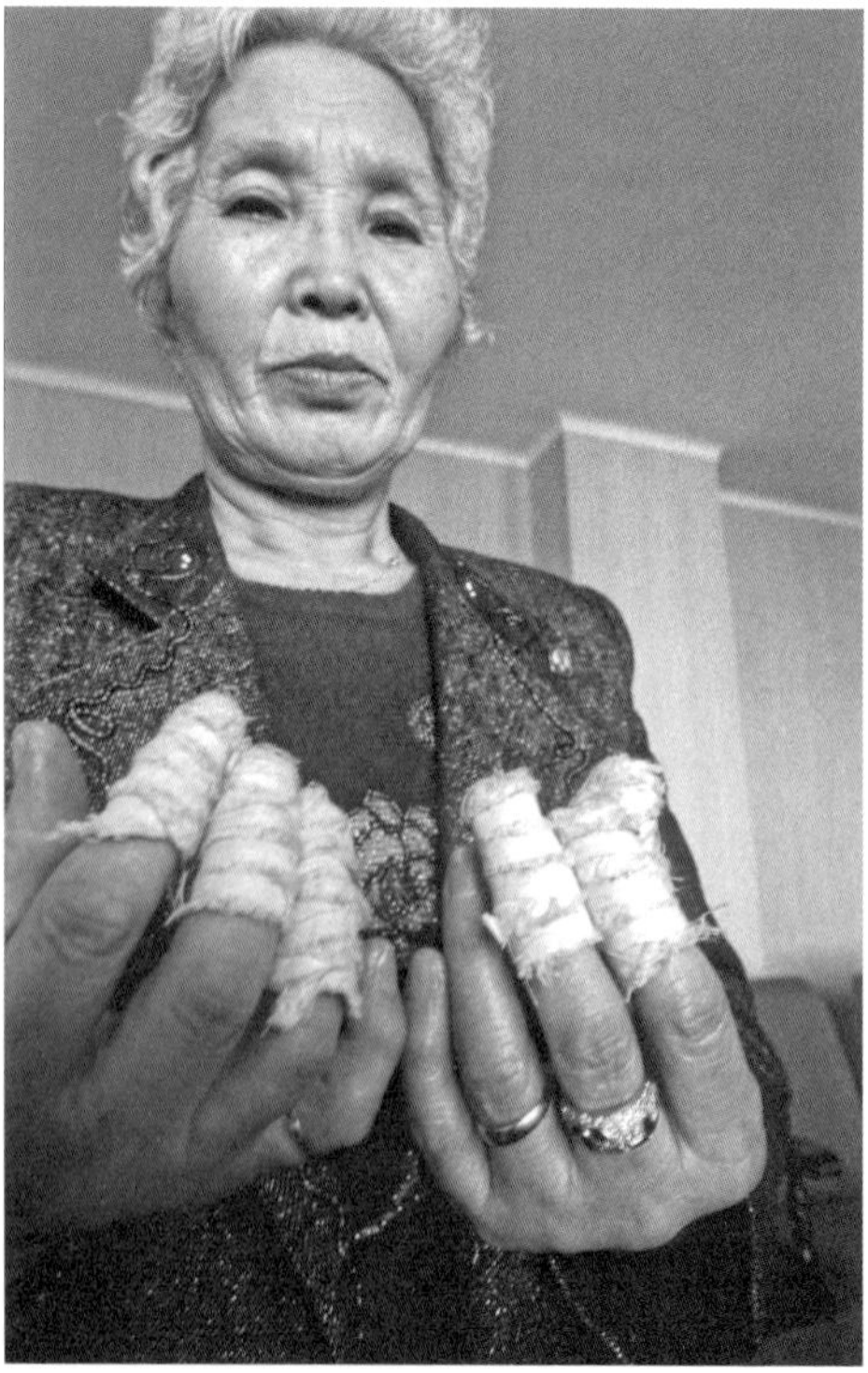

「在朝被爆者」への補償を日本政府にさせるためには、「被爆者健康手帳」取得の実現というところから始めるのが効果的だと私は思っている。だが朝鮮の被爆者たちは、手帳取得によって被爆者援護を受けることに消極的だ。「在韓被爆者」のように、手帳取得ができた被爆者とできない被爆者との大きな格差が生じてしまうからだ。桂先さんが手帳取得を強く望んでいたのは、自らの健康を大きく蝕み今も苦しんでいる原因が「被爆」であるという事実を日本政府に認めさせ、その責任を問うためだった。手帳を持っている朴文淑さんは、自分だけが日本から手当てを受け取る気持ちはないと語った。

日朝関係改善の糸口に

「反核平和のための朝鮮被爆者協会」は「在朝被爆者」問題を、「日本帝国主義の不法な朝鮮占領と軍事的支配がもたらした産物」であり、「日本の過去の清算と直結している問題」として捉えている。そして、次の二点を日本政府に要求している。

一、今まで放置してきた責任を含め、在朝被爆者に補償しなければならない。また、死亡した被爆者については遺族に補償をすべき。

二、人倫的・道徳的見地から、被爆者の治療に必要な医薬品・医療設備の提供などを一日も早く講じるべき。

朝鮮での医療費は無料で、「被爆者協会」の会員に登録されれば優先的に治療を受けることができる。ただ私が見たいくつもの大病院でも、X線撮影装置などの多くの設備はかなり老朽化し、医薬品は不足していた。こうした状況の中で「在朝被爆者」たちは、日本政府からの補償と共に医療支援を強く望んでいる。だがこの医療支援は、日本政府の方から申し出をしない限り決して始まらない。「在朝被爆者」と関係機関は、被爆者に対して責任があるのは日本政府であり、現在の敵対的な日朝関係の中において自分たちの方から動くのは筋違いと思っているからだ。

「在朝被爆者」に対して補償と手当ての支給や医療支援を実施するのは、日本政府の義務である。補償については、日朝国交正常化交渉の中でしか話し合うのは困難であり、それがいつになるのかはまったく見当がつかない。

「在朝被爆者」たちはたくさんの病を抱え、苦しみながら次々と亡くなっている。被爆者たちの健康状態を考えるならば、一刻も早く医療支援を行なうべきである。国交がないことや敵対的関係にあることを理由に今のような放置を続けるならば、それは怠慢というより犯罪的である。

「広島県医師会」の長年にわたる北米・南米の被爆者への医療活動は、現在では日本政府がその経費の約八〇％を支出している。日本政府によるこの「在外被爆者援護事業」の一環として、「在朝被爆者」への医療支援を「広島県医師会」へ委託するという方法もあるだろう。医療支援は極めて人道的な措置であり、日本政府が決断すればすぐにでも実施が可能なはずだ。

二〇〇九年九月に鳩山政権が誕生したものの日朝関係には大きな変化はなく、国交正常化に向けた交渉・話し合いは止まったままである。だが「在朝被爆者」問題の進展は、日朝関係改善に大きく寄与するのは間違いない。

（二〇一〇年二月記）

李 福順

▼リ・ボクスン　1933年10月4日生まれ／2002年9月9日死亡／広島で被爆

今の家族は六人です。息子夫婦と孫三人とで平壌《ピョンヤン》市の船橋《ソンギョ》区域で暮らしています。子や孫に、原爆について話すことがあります。なぜかと言いますと、私たちが日本で苦労したことを決して忘れてはならないからです。

父と母は結婚して全羅南道《チョンラナムド》で暮らしていました。ですが、父が広島へ渡ったため、母は長男を連れて父の後を追ったのです。八人兄弟のうち、私が日本で最初に生まれました。

一家は宇品町四丁目で暮らしていました。その当時は、お父さんは「明山《あけやま》せいきち」、私は「明山ゆり子」と名乗っていました。

▽▽被爆をまぬがれた父の一言

被爆した当時、私は翠町《みどりまち》にある中学校の生徒でした。担任の先生から、「八月六日に、広島市役所の近くで建物疎開の勤労奉仕*1をするので行くように」と言われていました。ところがその日の朝、「この暑い日にどこへ行くのか。家の中にじっとしとれ！」と父から言われたんです。父は「被服敞」で運搬を担当していました。そのため、父が出勤した後に出て行こうと思い待っていました。

空襲警報が鳴り、それが解除されたので外へ出てみました。飛行機の音がするので空を

＊1　空襲による火災の延焼を防ぐ防火帯を造るため、民家などを強制的に撤去した。広島市では、その作業をしていた数千人の学童が被爆した。

見たんです。高いところを飛ぶ飛行機が、点のように見えました。私は子供だったので知らなかったんですが、「あんなに高く飛ぶのはB29だろう」と近所の人が言っていました。

家の中へ戻って少しすると、「ピカッ」と光ったんです。「こんなに天気が良いのに雷が落ちたのか」と思いました。すると、「ドーン」という爆発音が聞こえ、爆風で窓ガラスが割れ、私は他の部屋まで吹き飛ばされました。我が家の横に大きな自動車修理工場があったので、被害が少なかったと思います。幸いにも、家の中にいたので原爆の直撃を受けずにすみました。

それから防空壕に入っていたんですが、一時間ほどしてから外へ出ることにしました。恐る恐る出てみると、丸焦げになった人や重傷を負った人がいました。白と黒の柄の半纏《はんてん》を着た人が、黒い色のところだけ火傷をしているのを見ました。母親の背中で被爆した子どもには、目や耳がなかったそうです。母親が子どもを背負っているその姿は、まるでスイカを肩に乗せているように見えたとのことでした。その子は、その日のうちに死んでしまいました。

勤労奉仕に行った担任の先生と同級生たちは、みんな亡くなりました。私は父の一言で助かったんです。「三菱造船所」で働いていた兄が帰って来なかったので、心配した父が次の日に捜しに行きました。家族で死んだ人はいません。

原爆が投下される前から、一家で田舎へ引越しをしようという話しになっていました。八月九日、私たちは馬車に荷物を載せて市内の中心部を通りました。建物は、「福屋百貨店」があっただけで、後はすべてなくなっていました。広島は川が多い都市ですが、その川にたくさんの死体が流れているのを見たんです。そこは生臭い匂いが漂っていました。軍隊の人が、川から上げた死体に石油を撒いて焼いていました。

▽▽半分だけの朝鮮人にしたくない

原爆投下から二年ほど後に、一家は宇品の元の場所へ戻りました。私はきちんとした仕

事が決まらず、農家から仕入れた闇米[*2]を売っていたんです。父は腎臓炎、母は気管支喘息で、私も健康状態が悪い時がありました。「ABCC」[*3]からハガキが送られて来たので、そこで健康診断を受けていました。それは帰国するまで続きました。

食事を満足に摂ることができないほど一家の生活は大変で、私は体の調子が悪くても我慢しながら働きました。ですが、どうやっても生活が苦しい……。そのため家計の負担を減らすため、兄よりも先に私がお嫁に行くことになりました。夫も被爆者です。

嫁いでからは、密造酒[*4]を作って販売していました。「国税局」の取締りが厳しかったんです。酒が見つかってしまい、すべて車で持って行かれたこともあります。私は子どもを背負いながら、裁判所へ行ったり来たりでした。

密造酒づくりができなくなってからは、もう何でもやりましたよ。くず鉄拾いをしたり、「ニコヨン」[*5]に行ったりもしました。「朝日生命保険」の委託セールス、化粧品の販売、百科事典や月刊誌の配達をしました。「野口ゴム」という靴工場に就職して働いた事もあります。そうしながら少しずつお金を貯めて、喫茶店を始めたんです。

そうした頃、夫が急に「共和国（朝鮮民主主義人民共和国）へ行こう、共和国へ行って、私たちの子どもを朝鮮人として育てよう。半分だけの朝鮮人にしたくない」と言ったんです。私は、子どもたちが民族差別を受けないようにと思って同意しました。一九七二年五月に、夫と義母、子ども四人、夫の弟の八人で帰国[*6]しました。

∨∨ 被爆の責任は日本に

一緒に帰国した家族は、全員が被爆しています。義母は一九七九年に気管支炎で亡くな

＊2　政府は、アジア太平洋戦争中から戦後にかけて米などの販売を統制した。人々は足りない米を、違法を承知で農家などから購入した。

＊3　1947年に、広島市と長崎市へ米国が設置した「原爆傷害調査委員会」のこと。原爆の威力を調査・研究することが目的だったため、被爆者治療は行なわれなかった。

＊4　日本敗戦後、在日朝鮮人たちは生活するために違法を承知でドブロクを製造して販売した。日本では今でも、酒類の製造には免許が必要。

＊5　日雇い労働者のこと。1949年に、東京都の職業安定所が労働者へ支払う失業対策の日給を240円としたことによる。

りました。一九九四年一二月、「区域党委員会」に呼ばれた夫は、家を出たところで血圧が急に上がってそのまま亡くなったんです。夫の弟の死因も同じです。広島にいる夫の別の弟は、生きてはいるものの植物人間状態とのことです。そして私の子どもたちは、気管支の具合が良くないなど健康状態に問題があります。両親の被爆に関係があると思います。

私の左目は白内障でほとんど見えません。ボーとしています。老人性白内障の薬を使ったものの効かないんですよ。原爆による白内障は、根本的に違うんでしょうかね。

血圧が不安定で、急に高くなったり普通に戻ったりしています。頭痛がしたりしていつもと違うなと思って血圧を測ると二〇〇くらいになっています。上がったり下がったりがひどいんです。病院の先生からは「動かないでずっと安静にするように」と注意を受けました。

私たち朝鮮の被爆者は、被爆の責任は日本にすべてあると思っています。以前は、原爆を落とした米国が悪いと思っていました。ですが、日本が朝鮮を支配したから私の父は日本へ渡ることになり、一家が被爆しました。

被爆者の健康状態は悪化していくばかりです。祖国は私たちを医療面で優遇してくれていますが、それは日本当局が全面的にやらなければならないことです。日本は朝鮮の被爆者への治療対策をするべきだと私は主張します。朝鮮人の被爆者であっても、在日であれば専門的な治療を受けたり諸手当がもらえたりするのに、帰国した朝鮮人にはなぜないのですか。なぜ朝鮮にいる私たちには日本は何も出来ないのですか？ 同じ被害者なのに……。被爆二世に対する対策も考えてもらいたいです。日本は誠意を持って実施するべきです。

（一九九八年五月、牡丹峰《モランボン》・自宅にて）

＊6 1959年から始まった朝鮮民主主義人民共和国への在日朝鮮人の集団での帰還事業。日本人配偶者とその子どもを含めた9万3000人が渡った。

慎 培根

▼シン・ベグン　1936年1月27日／長崎で被爆

>>空襲を逃れて長崎へ

故郷は済州島《チェジュド》です。私の祖父は力持ちで、働いた大阪の「浅野セメント」では、袋に入った一〇〇キログラムのセメントを担いだそうです。父はその祖父を追って、一七歳の頃に日本へ一人で渡りました。祖母は一二人も産んだのですが、その中で無事に育ったのが男三人・女四人でした。

父は日本で結婚し、大阪市生野区大友町で私が生まれました。一人息子です。父はこの場所にあった鋳物工場で働いていました。活動家だった父は、憲兵隊に捕まって監獄に入れられたりしていました。

私が、「小路《しょうじ》国民学校」の二年生から三年生に上がる頃、大阪への大空襲がありました*1。この時に入った防空壕が深くなかったため、爆撃の衝撃で祖母は目が見えなくなったんです。私と叔母も、その影響で目が悪くなりました。

空襲で、私の家も全部燃えてしまいました。「疎開地へ行くように」という命令があったんですが、祖父の家は大家族なのでいっぱいでした。どこへ疎開しろというのはなかったので、祖父に言われて長崎へ家族三人で行きました。長崎には、地理的に近い済州島と慶尚南道《キョンサンナムド》の人が多く、朝鮮半島との人の往来が頻繁《ひんぱん》にありました。下関から朝鮮へ行く

*1　1945年3月13日から翌日にかけて米軍が行なった大阪への最初の空襲。その後も大阪への空襲は続き、一万人以上が死亡した。

のは大きな船なんだけれど、長崎からは一〇〇トンくらいの小さな木造のポンポン船がね、行ったり来たりしていました。

長崎に親戚はいなかったんですが、父の友人が荷物を船に積んだり下ろしたりする仕事をしていたことも長崎へ行った理由です。母はしばらくして大阪へ戻ったんですが、父はその仕事があるので私と一緒に長崎へ残りました。

＞＞好奇心からの被爆

こうして四カ月ほど経った時のことです。祖父がセメント工場で大きな事故に遭ったので、長男の父は大阪へ早く戻るようにという連絡を受けました。鉄道は広島で遮断されていた＊2ので、船で大阪へ行くために港へ行ったんです。大きな船が着く港じゃなくて、南の方の港ですね。そこには倉庫がいく

＊2　広島へ投下された原爆によって、山陽本線が不通になった。8月8日には部分開通した。

つかあって、そこで二時間ほど待っていました。「船が来ないからちょっと待っていろ」と父に言われ、私は一人で待っていたんです。

するとブーンっという音がし、次に爆発音が聞こえてきました。その日は曇っていて暑くもなかったんですが、急に空が真っ黒になりました。私は倉庫の陰にいたので、放射線は直接には受けなかったんです。疎開していた家にそのままいたら、そうじゃなかったかも知れませんね。

そんな状態の中でも、私は父に言われたようにその場にいました。それから二時間後くらいして父が戻って来たんです。その場所から歩いて二〇～三〇分のところにある、父の友人の飯場へ行くことにしました。その飯場で泊まり、一〇日になると父も含めてそこの労働者たちが総動員されました。死体運搬などの作業のためです。

父は私に、「子どもはじっとしていて、そこから出るな！」と言いました。飯場の飯炊きのお婆ちゃんも、「出て行くな、行ったらあかん！」と私に手を広げて通せんぼをしたんです。だけど、父たちが何をしているのかという好奇心から見に行ったんです。街は焼け野原になっていました。こうして父と私が被爆したわけです。

それから数日すると、船が出るという知らせがありました。私たち親子は、大阪へ向かう船内で八月一五日の解放を迎えたんです。大阪へ着いてみると、「万歳、万歳」ってやっとって……。私の祖父と父も心から喜んでいました。

＞＞被爆者であっても日本人とは違う

私は同じ境遇の被爆者と結婚しました。互いに被爆者だと分かっていました。妻は、長崎ではなく広島で被害に遭ったんです。彼女と私は同じ中学校の同窓生でした。結婚して六人の子どもができました。

大阪で生活している時、私の体はけだるくて朝はすごく起きにくく、「若いもんがなんじゃ！」と回りの人からしょっちゅう言われていました。良く鼻血が出るという症状もずっとありました。今でもね、しょっちゅう病院通いですわ……。脳血栓があるもんやから、一年に一回くらい入院して治療を受けています。

父は原爆の被害も重なって、体が次第に衰弱していきました。喀血が止まらず、体に斑点が出来てね……。「結核」ということで父は入院したんだけれども、被爆していることを言わなかったんです。なぜかというと、子や孫の結婚のことを考えたからです。その頃は、「あの人は長崎で被爆した」「もう子どもができない体だ」と言われるなど、周囲の声がすごかったんです。だから私たちは、被爆したことを秘密にしていました。日本にいる時は、被爆者の申請もしなかったんです。考えてみてください。同じ被爆者であっても、朝鮮人が置かれた状況は日本人とは違うんです。

一九五九年一月九日に父は亡くなりました。吐いた血が止まらなくて……。私の一番下の娘は、病気を持って生まれました。心臓の筋肉に穴が開く先天的な病気です。こういう私の家族の実情を見ても、原子爆弾はいかに深刻な被害をもたらすものなのかと思います。こんな悲劇ないよ、あんた。

朝鮮に帰国したのは一九七一年です。帰国事業が三年間ストップされ、再開された第一船に乗りました。私は金日成《キムイルソン》主席とお目にかかり、「本当に苦労が多かったでしょう」という言葉をいただきました。私は帰国してから今まで、国土建設の計画を立てる仕事をしてきました。高速道路建設のプロジェクトなどのね……。
原爆を受けてこんな目に遭ったことは、私だけの問題じゃありません。私は、「原爆被爆者協会という組織がある」って人から教えられたので被爆者の登録をしました。ですが、帰国した在日朝鮮人で、届け出ていない被爆者はまだいると思いますよ。

（二〇〇三年五月、解放山《ヘバンサン》ホテルにて）

孫 敬淑

▼ソン・ギョンスク　1945年2月22日生まれ／広島で被爆

▽▽煙の塊がモクモクと

私が生まれたのは広島県の壬生《みぶ》です。畑の多い田舎だったと覚えています。私は日本では「村田又子」という名前を使っていました。

私の兄・孫ジョンヒの妻が、「挺身隊」＊1への動員令書を受け取ったんです。八月六日の朝八時か九時までに、祇園町《ぎおんちょう》＊2の役場へ出頭するようにとのことでした。その頃は「挺身隊へ出たら死ぬ、帰ることはできない」と思われていました。「大変なことになった」ということで、私の両親と姉、そして母におんぶされた私との家族全員で、壬生から広島市内の祇園町西山本にあった兄の妻の実家へ行きました。それは五日のことです。

原爆が落ちた時のことは、義理の姉に後から聞きました。八月六日、私は西山本の実家の室内にいました。兄の義母は、「せっかく来たのだから」と、お土産にしようとまだ青い初物の唐辛子を庭で採っていました。

その時、台風みたいな強風がいきなり吹き込んで来たんです。屋根は吹き飛び、私たちは納屋まで飛ばされました。しばらくして気がつき、名前を呼び合うとあちこちから人が起き上がってきました。口の中は砂とほこりだらけでしたが、大きなケガもなく済みました。「何ごとだ！　大きな爆弾が落ちたんじゃないか」ということで庭へ出てみると、遠

＊1　アジア太平洋戦争時に、不足した労働力確保のために組織されたさまざまな団体の一つ。

＊2　広島県安佐郡にあった町で、１９７２年８月に広島市へ編入された。

くで雲みたいな煙の塊がモクモクと上がっていました。花が咲いているような形でした。

広島市内には私の従兄弟二人が住んでいました。彼らがどうなったのか、両親たちが捜しに行きました。途中の道では、目が飛び出したり服が剥がれ落ちたりした人たちが……。筆舌に尽くしがたいほどの悲惨な状況だったそうです。

何度も捜しに行って分かったのは、二人は勤労奉仕に出ていて被爆したことです。オージョ兄さんは、飛び込んだ川から這い出て自分の家まで戻ったようです。ですが、助けてくれる人が誰もいないので、電車に乗ったらそこから脱出できると思ったのか……。止まっている電車に這い上がり、そこで死んでいたんです。サンジョ兄さんは、死体も捜せませんでした。

＜＜自らの被爆を知らずに生活

一九六三年に私は一人で帰国しました。その時は、広島の朝鮮高校の生徒でした。「共和国（朝鮮民主主義人民共和国）に帰りたい」という気持ちから、共和国に知り合いはいませんでしたが、自ら進んで帰国しました。

帰国した当時も、自分が原爆の被害者だとはまったく知りませんでした。広島の丘の上に、白いバラックの被爆者たちの病院*3がありました。その横を通る時、「ここで被爆者たちが死んで行くんだなあ」と思っていました。毎年、「被爆者は、今年は何人が亡くなりました」と報道されるじゃないですか。帰国する前年の一二月に、五十何人とか六十何人かが死んだって聞き、「本当にかわいそうだな」と思ったんです。自分自身が被爆者だと思っていなかったからです。

私が被爆していることは、兄さんの妻が共和国へ来た時に話してくれました。日本の両親は亡くなっていますが、「被爆者健康手帳」を持っていました。兄夫婦と私の姉も取得しています。

帰国するまでの日本では、治療を受けたことはありません。ただ疲労感がしょっちゅうあり、一週間に一回ぐらいは休まないと体がもちませんでした。

帰国してからは健康ではなくなり、動員されて労働をする際には検診を受けていました。七～八年前に、脳血管循環障害があるとの診断を受けました。朝には運動を少しして、漢方薬などを朝と夜に飲んでいます。何年か前から始まった歯茎からの出血は止まったものの、最近では鼻血が出るような鼻への圧迫感があるのです。自分が被爆者だとは知らなかったので、三人の子どもを産みました。上の子がちょっと弱いです。

＊3　「原爆傷害調査委員会（ABCC）」のこと。比治山の山頂に、カマボコ型の施設が建てられた。

ひと言、言わせてください。共和国に帰国してから今まで、無料治療制度によって暮らしてきました。被爆者たちに、誠心誠意の治療をしてくれるのでありがたいです。しかし、自分の病気が誰によって引き起こされたのかを考えると、被爆者の治療費は加害者の日本政府が出すべきです。そうすれば、私たちに使っている治療費を他の患者へ回すことができます。この治療費のことを先ず解決し、被爆者への手当ても支給するべきです。

朝鮮人が被爆したことについて、日本政府が全面的に責任を取り、紳士的に私たちに謝罪して補償をするべきです。また日本の人たちに、私たちの気持ちを知ってもらいたいと思っています。

（二〇〇八年六月、高麗《コリョ》ホテルにて）

朴 文淑

▼パク・ムンスク　1943年9月2日生まれ／長崎で被爆

>> 差別の辛い記憶

私の父の故郷は、慶尚南道咸陽《キョンサンナムドハヤン》です。日本の植民地支配下で、そこではとても生活できなかったので、父は一七歳という若さで日本へ渡りました。父は咸陽へ里帰りした時に結婚し、一九四〇年頃に夫婦一緒に長崎へ行ったそうです。私はその長崎の、御船蔵《おふなぐら》町で生まれました。

父は長崎で、縄を編んだり馬車を引いたりといった肉体労働をしていました。私が生まれた時は徴用*1されていて、長崎県内にある大村飛行場の建設やいろんな軍需工場での労働を強要されたそうです。

私の兄弟は、三歳違いの兄との二人です。兄も長崎で生まれました。私が長崎で通った学校は「磨屋《とぎや》小学校」と「長崎女子商業学校」です。幼い頃から差別をたくさん受けました。朝鮮人であるということで学友たちが近づきませんでしたし、少し綺麗な服を着ていたり、リボンをつけていたりすると「朝鮮人のくせに」（日本語）とからかわれたり……。

子供たちだけでなく、教師からの差別もひどかったです。小学校の時には、学芸会へは絶対に出してもらえず、その時間は教室の掃除をさせられていたんです。

私の家は綺麗にしていましたが、隣の家の日本人が「朝鮮人は汚い」（日本語）と言うなど、

＊1　「国家総動員法」に基づき、朝鮮人青年たちも軍需工場や炭鉱などで強制的に働かせた。日本にいた朝鮮人もその対象となった。

日常生活の中でも朝鮮人への蔑視がたくさんありました。そういうことが、とても辛い記憶として今も残っています。

一家は全員が朝鮮へ帰国しました。その時期は、私と母と祖母は一九六〇年五月、兄は同じ年の八月、父は六一年七月です。

＞＞防空壕へ入れずに被爆

原爆に遭った時、私はまだ二歳でした。ですから被爆した時の記憶はありません。

空襲＊2の時は本来ならば防空壕へ入るのですが、家族三人は家の中で被爆しました。幼かった私は防空壕に入ると泣いたため、「朝鮮人の子供は良く泣く」といって周りの日本人から蔑まされたんです。母はそれが嫌なので防空壕へ入らず、部屋の隅に厚い布団を折りたたんで置いていました。

そして八月九日。原爆が落ちた瞬間、母は私と兄と祖母に布団を被せてくれたんです。その布団のおかげで直撃をまぬがれて、九死に一生を得ることが出来ました。布団を被っている間にわが家にも火がついたので、母は私たちを連れて外へ出ました。住んでいた御船蔵は、爆心地から四キロメートル以内です。

父は、長崎の大浦にある兵器工場の裏で、砂利を掻き集める仕事をしていて被爆しました。幸いにも竹林が覆い被さってきたので、少し火傷を負っただけで済みました。ですが一緒に働いていた父の弟は、後頭部から踵《かかと》にかけて火傷を負いました。その弟を負ぶって家に帰る道で見た光景は、地獄のようだったと父は言っていました。配給を貰うために並んでいた人たちが、黒くなって死んでいたそうです。「助けてくれ、助けてくれ」（日本語）

＊2　米軍は長崎への原爆投下以前に、5回の空襲を行なった。

と家の下敷きになって叫んでいた人が二〇人ほどいたので、助け出したとも言っていました。ようやくのことで御船蔵へ戻ってみると、家は焼けてしまっていたのです。

　こうして私の家族は、父・母・祖母・兄と私の五人と、わが家にいた叔父さんら親戚を合わせて八人が被爆しました。私の家族や朝鮮人が、なぜ原爆の被害で今日まで苦しまな

ければならないのかといつも考えます。それは、日本が朝鮮を侵略していたがために背負わされた不幸と苦痛なのです。

＞＞家族の後遺症と死

被爆した時、母は身ごもっていました。ですが放射線を吸い込んだため、胎児は死んでしまいました。原爆で半壊した爆心地から離れた病院で、帝王切開でお腹の子どもを取り出しました。消毒薬もなかったそうです。結局、三～四年間に七回も手術を受け、どうにか命は助かったものの子どもを産めない体になったんです。それからの母は、貧血と胃腸病に悩まされ、とくに消化器系統が良くありませんでした。その後、胃がんになって一九九九年一月に亡くなりました。

兄はお酒もタバコもやらないのに、胃と腸から出血するようになりました。さらに、舌に潰瘍ができたために食事がまともに出来ずに苦しんでいたんです。その潰瘍が原因でリンパがんになり、母が亡くなったのと同じ一九九九年の九月に他界しました。父も胃が悪くて、しょっちゅう下痢を起こしていました。歳をとるにつれて心臓が悪くなり、それによって二〇〇二年に亡くなりました。家族の中で一人だけ生き残っている私も、苦しい日々を送っています。

私は二歳という幼い歳で被爆してから今まで、一日の安らぎもなく病魔と闘ってきました。幼い時は貧血のためにいつも顔色が悪く、鼻血がよく出て、ずっと下痢をしていました。大人になってからは、消化器系統と関節の病気などで苦労し、四〇代に入ってからは高血圧で苦しみました。

私は一九九二年に、「原水禁」[*3]大会へ朝鮮の被爆者代表として参加し、長崎へも行きました。そこでの滞在中に「被爆者手帳」を出してくれたんです。そして長崎の「原爆病院」で診察を受けました。胃を内視鏡で調べてもらったんですが、ポリープがありました。白血球の数は三五〇〇〜三九〇〇[*4]くらいでした。

歳をとって体が弱くなってからは、もっと心臓が悪くなりました。血圧が少し高くなっただけで、まったく力がない心臓に悪影響を与えるんです。鼻血がひどく、三〇分以上も止まらない時には止血剤で止めています。それがまぁ、辛いですね。

胃痛にも苦しんでいます。お腹が痛くない日があったのかというくらいで、常に下痢には悩まされています。被爆者は免疫力が弱いから、普通の下痢止めじゃダメなんですよ。一年半も下痢が続いた時はベッドから起き上がれなくて……。健康な人だったら体が耐えられても、被爆者はそうじゃないんです。ベッドの上で、「被爆者はこうやって死んでゆくしかないのか」と悲しい思いになりました。

＞＞世界に類例のない罪

戦争を早く終わらせたから広島・長崎への原爆投下は正しかった、という考えが米国などにあることは「人民大学習堂」[*5]に収蔵されている本を読んで知っていました。これを見た時、私は激しい憤りを感じました。無辜《むこ》の民を数多く殺戮し、生き残った人たちに今でも多くの苦痛を与えているのに、原爆投下を正当化・美化しているからです。

広島と長崎へ原爆を落とす前に行われた一九四五年七月の核実験[*6]で、どの程度の破壊力があるのか米国は知っていたんです。それにも関わらずそれを使ったということは、

＊3　反核・平和運動団体である「原水爆禁止日本国民会議」の略称。

＊4　正常な血液での値は4000〜10000で、平均は約7000。

＊5　1982年に開館した朝鮮民主主義人民共和国で最大の図書館。平壌市中心部の金日成広場北側に位置する。朴文淑さんは、定年までここで勤務した。

＊6　1945年7月16日に、米国がニューメキシコ州の砂漠で成功させた世界初の原爆実験。

人類に対して償いきれない罪を犯したことであって、戦争を止めさせた正義の行為では絶対にありません。私は一九九九年八月に、米国ＣＮＮテレビの取材を受けました。「原爆を落とした米国は罪を感じなければならないし、その責任から絶対に逃れることはできない。世界に類例のないこの罪を、歴史は決して忘れないだろう」ということを話しました。

＜＜「被爆者協会」の副会長として

私は現在、「反核・平和のための朝鮮被爆者協会」の副会長として活動しています。各地に散らばって住んでいてこの協会があることを知らない被爆者たちを、一人でも多く探し出して登録するために活動してきました。

協会の目的は、一番目は日本政府から徹底した謝罪と補償を受けることです。二番目は、もう二度と広島・長崎の悲劇が起こることのないよう、平和のための運動をたくさん行っていくことです。そして三番目は、世界平和を願う各国の人たちと手を取り合って、核のない平和な世界を構築するための闘争を徹底的に行うことです。一九九九年八月には、広島と長崎の原水禁の人々と原爆写真展を平壌で開催しています。

協会は一九九六年四月から「被爆者証明書」を発給しています。わが国は無償で治療を受けることが出来ますが、この「証明書」を病院や療養所へ持って行くと、いくら患者が多くても最優先で治療が受けられます。病室がいっぱいであればベッドを一つ入れてでも被爆者はすぐに入院させてくれ、輸血でも優先的に回してもらっています。また中央病院や医科大学病院での特別の治療や温泉療養を受けようとする時には色々な手続きをしないといけないのに、被爆者であれば簡単にできるんです。被爆者への治療は日本がやらなければならないことです。それなのに、わが国の政府が私たちにたくさんの医療費を支出していることに申し訳ない気持ちです。

被爆二世への「被爆者証明書」の発給はまだですが、協会の被爆者名簿の中に入っています。被爆者が協会へ登録すると、家族関係を全部明らかにしてもらっているからです。日本では、被爆二世・三世への遺伝的な影響を認めないという意見があります。ですが朝鮮でも、他の子どもたちに比べて体が弱く病気にかかると簡単に治らないという現実があります。

朝鮮の被爆者たちは、肝硬変・白内障・神経痛・胃と腸の病気などを患っています。とくに下痢のために苦労している人が多く、それが続くと立ち上がることができないくらいです。私が協会の副会長をしているので、よく被爆者が会いに来ます。「何としても何としても、自分が死んだとしても、日本政府から謝罪と補償を……」と私の手を取るんです。そう託してからすぐに亡くなっていく人が本当に多いんです。悲しくてやりきれません。私の家族もそうでしたが、朝鮮の被爆者たちは、日本に対する恨みを持ちながら亡くなっています。

▽平和の象徴としての日本へ

朝鮮人被爆者は二重の被害を受けました。日本が朝鮮を植民地にし、ファッショ的な戦争を起こさなければ、朝鮮人が日本で原爆の被害に遭うこともありませんでした。それなのに、日本政府が無責任にも朝鮮の被爆者に対して今までも何の対策もせずに放置してきたことに対して怒りを覚えます。

南朝鮮*7は、日本政府から被爆者への人道的なものとして約四〇億円*8をもらいまし

＊7　朝鮮民主主義人民共和国での大韓民国の呼び方。

＊8　1990年に、日本政府が韓国政府と合意した「支援金」。補償金ではない人道的支援であり、使途は医療に限定された。

た。ですが被害は人道的な措置だけで解決できるものではありません。日本政府は謝罪と補償をしないまま、お金を支払うことで自らの罪から逃れようとしただけです。

南朝鮮の被爆者へ実施したように、わが国の被爆者を日本で治療するという話がありました。日本政府の朝鮮敵対視政策が継続されていて、被爆者への謝罪と補償もない現在、私たちが日本まで行って治療するような状況ではありません。また、続けて治療を受けなければならない病気なのに、日本で二～三カ月間という短期間の治療を受けても治るわけではありません。そのため、日本にまでわざわざ行って治療したいという気持ちが沸いてこないのです。

朝鮮の被爆者が日本からの治療を受けられない、ということが問題なのではありません。日本政府が、被爆者への謝罪と補償を行うという原則的立場にしっかりと立つべきだということです。朝鮮の被爆者への謝罪と補償は、もうこれ以上、引き伸ばすことのできない問題です。私たち被爆者は高齢化し、もう長くはないのです。日本は、私たち被爆者がすべて死ぬのを待っているのではないでしょうか。死ねば補償する必要がない、と考えているのでしょう。被爆者たちの日本政府に対する恨みは、天にも達するほどです。

日本の学生たちが、修学旅行で広島や長崎を訪問するのはとても良いことだと思います。これからの世代が原爆の実態を知らなくなると、その恐ろしさや残忍性だけでなく人類を滅亡に追い込む兵器だということがよく分からないでしょう。

被爆国である日本の現状を見るとプルトニウムをたくさん貯蔵[*9]しており、核大国化する危険性があります。日本は軍国化の道に行くのではなく、国際社会で反核・平和のために闘争をし、世界平和の象徴としての役割を果たすべきではないでしょうか。

＊9　核兵器製造で使われる核分裂性物質。日本は約44トン保有しており、約４４１０発の原爆が製造できる。

伊藤孝司　監督作品

ヒロシマ・ピョンヤン　棄てられた被爆者

【採録シナリオ】（日本語版）

NA＝ナレーション　／　桂先＝李桂先

●人々の写真／平壌の街
NA「隣の国でありながら、日本からもっとも遠い国、朝鮮民主主義人民共和国……。私は、その朝鮮をたびたび訪ねている。そこには、日本人のジャーナリストとして取り組まなければならない問題が、たくさんあるからだ」
字幕「ナレーション　伊藤孝司」

タイトル「ヒロシマ・ピョンヤン」

幸せな暮らしと被爆の後遺症

●アパート前の人々
字幕「２００９年４月」
字幕「朝鮮民主主義人民共和国　平壌（ピョンヤン）市」
●ブタのおもちゃ
桂先「かわいいんだって」
伊藤「よっぽど店で見つけて気に入ったんですね」
桂先「私が、ブタのおもちゃがあったらなーっていうたのが、そこからこんなの持ってきてくれて」
伊藤「覚えていて……」
桂先「面白いでしょう」
●食事する家族／後片付けをする桂先さん
字幕「李桂先（リ・ゲソン）さん」
字幕「１９４１年生まれ」
伊藤「桂先（ケソン）さん、２００６年に始めて会ったときに指の先がひどい状態だったですけど今はどうですか」
桂先「今はね、治療受けてその後にね、その前にも治療受けたけどまた最近……、また治療受けました。だいぶようなったんです。だけどあの時はね、皮が１日に10回も剥けてね、風呂も行かれなかったんです。だけど今はね、ようなったけど、まだゴミとかねそういう、こういう炊事とか手袋しないですればね、また皮が剥けるんです。それで、こういうふうに炊事するのに、私はちょっと避けるほうなんです。家に子供たちがいないと、しょうがなしに私が炊事する時は手袋当ててしまます」
●初めてのインタビュー
字幕「２００６年３月」
桂先「これね、どういうわけか知らないけれど……」

桂先（朝鮮語）「手の指の皮が　しょっちゅう剥がれるの。血管注射を受けると　ぜんぶ破裂してしまうし、薬を塗って包帯しないと擦り切れたように血がにじむの」

桂先「何でこんなに病気して……」

桂先（朝鮮語）「体が弱いのかと　疑わしく思っていました。治療しても分からないの」

ＮＡ「私が李桂先さんに、始めてインタビューしたのは3年前。顔色が非常に悪く、両手の指に巻いた包帯が目についた」

●手袋をした桂先

伊藤「その手がひどくなった頃に他の病気も出ましたか」

桂先「この皮剥ける前、2年か1年半前くらいに、頭の毛が抜けてから。それでも丸々坊主みたいにね。真ん中のぜんぶ毛が抜けてしまって、頭が……」

伊藤「そういう症状が出た原因は何でしょうか」

桂先「そうね、私は前はそんな知らなかったけど、今見てたらね。被爆のその……影響じゃないかと思います」

朝鮮人の被爆

●きのこ雲の写真

字幕「1945年8月6日　午前8時15分　広島」
NA「1945年8月6日、米国は広島へ原子爆弾を投下。それによって広島で約42万人が被爆。9日の長崎への投下では、約27万人が被爆した」
字幕「撮影　米軍　提供　広島平和記念資料館」
字幕「撮影　深田敏夫」
●焼け野原の中の原爆ドーム
NA「爆心地周辺を4000度にも達する熱線と、数十万気圧もの爆風が襲い、そして大量の放射線が降り注いだ」
字幕「撮影　米国戦略爆撃調査団」
●市民の描いた原爆の絵
NA「両都市での被爆者のうち、その年の末までに約23万人が死亡したと推測されている。いかなる言い訳も許されない、無差別な大量殺戮である」
字幕「小尻勉　作　広島平和記念資料館所蔵」
字幕「石津一博　作　広島平和記念資料館所蔵」
字幕「小野木明　作　広島平和記念資料館所蔵」
字幕「小野木明　作　広島平和記念資料館所蔵」
NA「そして、生き残った被爆者たちの多くは放射線を浴びたことにより、生涯にわたってさまざまな病で苦しむことになった」

字幕「楢原裕子　作　広島平和記念資料館所蔵」
字幕「石橋新子・中桐春美　作　広島平和記念資料館所蔵」
字幕「木原敏子　作　広島平和記念資料館所蔵」
●被爆直後の原爆ドームの写真
NA「被爆したのは、日本人だけではなかった。広島で約5万人、長崎で約2万人もの朝鮮人が被爆したのである。これほど多くの朝鮮人が、これらの都市にな

撮影：米軍　提供：広島平和記念資料館

撮影：米軍　提供：広島平和記念資料館

ぜいたのだろうか」

字幕「撮影　米軍　提供　広島平和記念資料館」

●朝鮮人徴用工の写真

ＮＡ「日本はアジア太平洋戦争を遂行するため、支配していた朝鮮から、膨大な数の若者たちを強制的に日本などへ連行。広島と長崎でも、そうした朝鮮人が数多く働かされていた。また、日本による過酷な支配によって朝鮮で生活できなくなり、広島と長崎に家族で移り住んだ朝鮮人もたくさんいた」

字幕「写真提供　深川宗俊」

舞い込んだ帰国費用支給の話

●敗戦直後の大竹市の写真

ＮＡ「広島へ原子爆弾が投下された時、桂先さんは３歳。両親と共に、爆心地から約27キロ離れた現在の広島県大竹市で暮らしていた。広島市にはいなかった桂先さんが、被爆してしまったのはなぜだろうか」

字幕「大竹市　郷土出版社『目で見る　大竹・廿日市の１００年』より」

字幕「広島県大竹市」

●「申述書」

字幕「許必年さんの『申述書』」

ＮＡ「桂先さんの母親・許必年（ホ・ピルニョン）さんは、１９７８年に『被爆者健康手帳』を取得。その時の申請書類に、被爆した時のようすが書かれている」

字幕「撮影　米軍／提供　広島平和記念資料館」

●焼け野原になった広島市内の写真

朗読（母親の声）「昭和20年8月6日、広島市がB29の投下した爆弾の為、全滅し地獄のようになっている事は知っておりました。そんなひどい場所へ行く気は毛頭ありませんでした」

字幕「朗読　新屋英子」

●皇居前でひれ伏す人々の写真／解放を喜ぶ朝鮮の人々

NA「1945年8月15日、日本は敗戦。それは朝鮮にとっては、40年間にもわたる日本の過酷な支配から解放された日であった」

字幕「撮影　毎日新聞社」

NA「帰国することを決めた一家のところへ、知人が訪ねて来る。それは17日のことだった」

字幕「1945年8月17日」

●「申述書」

朗読「『もし帰国を希望するのなら、日本の行政当局へ出頭し、人数を確認の上、写真など撮り、書類を作成し人数分だけ帰国費用が支給される。それは早い者勝ちだ』と話され、明日家族全員で広島市へ行くと申されました」

●敗戦後の大竹駅の写真

NA「この話に疑いを持つ夫を残し、母親は3歳の桂先さんを連れて広島市へ行くことにした。8月18日の朝、近所の朝鮮人たちと一緒に、大竹駅から列車に乗った」

字幕「大竹駅」

字幕「大竹市　郷土出版社『目で見る　大竹・廿日市の100年』より」

汚染された広島を親子で歩く

●列車からの風景

NA「原爆投下によって、広島市内は残留放射能で汚染された。そのため、2週間以内に市内へ入った人も、政府によって入市被爆者として認定される」

字幕「入市被爆者」

字幕「撮影　米軍　提供　広島平和記念資料館」

NA「桂先さんが母親に連れられて広島市内へ入ったのは、原爆投下から12日目。母親は、広島へ投下された爆弾がひどい被害をもたらしたことは聞いていたが、そこが残留放射能でひどく汚染されていることは知らなかった」

●焼け野原になった広島市内の写真

朗読「駅前に出ますと周囲一面焼けて、なんかこの世ではない別の世界に来たように感じたことを覚えております」

字幕「広島駅」
字幕「撮影　川本俊雄」
●親子と同じ道をたどる
NA「私は、母親と桂先さんたちが歩いた道を、実際にたどってみた。今では、原爆の被害を感じさせるようなものは何もない。しかし当時は、悲惨な光景を目の当たりにしたのだろう」
●焼け野原になった広島市内の写真
NA「帰国申請をしようとした広島県庁は、爆心地に近かったために壊滅。そのため、臨時県庁が置かれた東警察署の建物を目指した」
字幕「壊滅した広島県庁」
字幕「撮影　川本俊雄」
朗読「途中、電車の鉄橋があり、落ちそうな橋を渡っている人がありましたが子供連れのため渡らず、コンクリートの京橋を渡り、また電車線路の道に出て、やっと山口町の東警察署へたどり着きました」
字幕「撮影　宮武甫　提供　朝日新聞社」
字幕「稲荷町電車専用橋」
字幕「京橋」
字幕「臨時県庁が置かれた東警察署」
字幕「撮影　米軍　提供　広島平和記念資料館」

NA「一行は長時間待たされた。そして、ようやく応対に出てきたのは特高警察官だった」

●流れる雲と降りしきる雨

朗読「その人は私たちの用件を聞くと目をとがらせて『そんな事は誰に聞いた、誰が言ってた』と大変な剣幕で私たちを責め、噂の元を執拗に聞きただしました。『戦争はまだ終わっていない。お前たちは日本臣民として今まで通り天皇陛下の為に尽くさなければならない。そんな赤色分子のデマ宣伝に騙されてはならない』」

●原爆ドームのアップ

NA「喜び勇んで帰国しようとしていた朝鮮人たちの希望は、無残に打ち砕かれた。それればかりか、残留放射能で汚染された広島市内を歩き回ることになってしまった。朝鮮人であるがための被爆だった」

戦後日本での暮らし

●在日朝鮮人の生活

NA「帰国をあきらめた一家は、日本で朝鮮人として精一杯生きようとする。父親は民族運動へ積極的に参加し、母親は祖国の文字を習った」

NA「在日朝鮮人は、日本社会からの民族差別によって、安定した仕事を得ることができず、完全失業率は日本人の8倍もあった」

●大竹朝鮮人小学校の写真

NA「桂先さんは、民族教育に熱心な両親によって、朝鮮人だけが学ぶ小学校・中学校へと通った」

●桂先さんの子供の頃の写真

桂先「私はここにいるんです。いつもね、私は小さい時、チマ・チョゴリ、いつも着てました」

伊藤「それは親がチマ・チョゴリを?」

桂先「いつもチマ・チョゴリ、他の人はね、ワンピース着たりするけど私はね、お父さんとお母さんがチマ・チョゴリ必ず着せていました。日本来ても、朝鮮の服を必ず着せてね、民族のために。料理もぜんぶ朝鮮式にしてました。挨拶も家でね、お母さんと呼ばないでオモニと呼ばして……」

字幕「オモニ＝お母さん」

●九州朝鮮中高級学校での写真

NA「そして1957年からは、寄宿舎で生活しながら福岡県八幡市の『朝鮮中高級学校』で学んだ」

●父親の写真

字幕「父親　李甲祚（リ・カプチョ）さん」

桂先「うちのお父さんが私をものすごくかわいがった。私が大きくなっても、10代に入って15・16の時もね。風邪ひいたって寝てたらね、アボジが人参とみかんの皮とね、それから生姜を入れて、煎じてからね、砂糖入れて枕元来て飲ましたりするから。お母さんがね、あんなに大きくなった娘をいまだに赤ちゃんみたいに、小さい子どもみたいにオジャオジャするってお母さんがお父さんに小言言ってた。あれ。まだ覚えてますよ、私は」

一人で朝鮮へ帰国

●活気ある朝鮮の工場／帰国要求運動

NA「朝鮮戦争が1953年に休戦になると、社会主義体制の朝鮮民主主義人民共和国は大きく経済発展を遂げた。その朝鮮を支持する在日朝鮮人たちの中に、祖国建設へ参加しようという機運が高まる。1958年には、朝鮮への永住帰国を日本政府へ求める運動が始まった。日本から朝鮮人を追放したい日本政府の思惑もあり、帰国事業は実現に向かって進んでいく。日本のマスメディアも、それに積極的な協力をした」

●桂先さんの帰国運動の写真

桂先「帰国実現のためにデモをしたり大会したり。あのとき私もデモも参加したり、夏休みに家に帰らないでね。あんな活躍、たくさんしたんです。それから大竹から広島まで鉢巻して自転車部隊として行ったり、そんな活躍したんです」

桂先「もうあの時が、まだ青春時代だから、祖国のためといえば何の恐れもなしに一生懸命ね、もうマスゲームでワッショイワッショイって」

●帰国船の模型を担いでのデモ

桂先「帰国の船を作って担いでね」

伊藤「船の模型を作って……」

桂先「ええ」

●父親の写真

字幕「父親　李甲祚さん」

NA「父親は桂先さんを溺愛していた。だがこうした大きな社会の流れの中で、娘を一人で帰国させるという決断をした」

●桂先さんのアップ

伊藤「家族の中では一人だけだったんでしょう。家族ぐるみで帰国したということが多かったと思うだけど、一人だけ行くことになったんですか」

●セピア色の家族写真
桂先「アボジ（お父さん）が、祖国に行って勉強して少しでも国のために、祖国の建設に少しでも力になれたらお前が行ってから、お父さんの代わりにしてくれって」
字幕「アボジ＝お父さん」
字幕「帰国直前に撮影」
桂先「オモニが、（お父さんが）自分に何の相談もなしに（私を）行かしたもんだから、内容も何も知らないし、ここに来た時はお母さんがさびしいって私に言ってたんです。何も知らなかったたって」
●新潟を出港する帰国船
NA「1959年12月、最初の帰国船が清津（チョンジン）に向けて新潟を出港。桂先さんはその翌年7月の船に乗った」
●帰国船上の桂先さんの写真
NA「その時は誰も、50年経っても日本と朝鮮との国交が結ばれず、往来にも大きな制約があることなど想像もしなかった」
字幕「李桂先さん」

娘が分からなかった父親

●桂先さん

字幕「桂先さんが写っている昔の写真はね（日本には）1枚くらいしかないって」

桂先「そうみたいよ、私の写真がほとんどだったから。そのままそっくり持って来てしまった（笑）。あまりないんです。なかっても親兄弟を忘れないために。向こうはいっぱい親兄弟はいるけど、私はここ来てしまったら親兄弟は見られないから私が持って来たんです」

●親族と再会する在日朝鮮人たち

NA「在日朝鮮人が、親族と会うために訪朝することが出来るようになると、桂先さんの父親は娘に会いに行った」

桂先「あれがね、75年度の11月か、あの時初めてお父さんが朝鮮へ祖国訪問に来た時に見たんです、会ったんです、私」

●桂先さんの学校時代と帰国後の写真

桂先　学校にいた時、60何kgか70kgまで上がるみたいだったから。この背でね、だから丸々でね、ダルマみた

いに丸々と。ブタみたいにあんまり肥えてね。それでみんなは見きらないの、見てもこんなに見たら誰かって。いとこの兄弟たちも見て分からないんです」
字幕「帰国後、病気でやせた」
桂先「うちのお父さんが初めて私を捜しに来た時に、『お父さん』って駆けつけて行ってね、『アボジ（お父さん）』と言ったらじーっと見てました。アボジ、何で娘見きらないでこんなじっとしているかと思ったら。お父さんはお父さんでね、これはどこかの近所の女が来てわしを『お父さん』と呼ぶんじゃないかと思ってじーっと立ってました。後でお父さんが言うにはね。で見たら声と目を見たらね『俺の娘だ』、そういうふうに思ったたって……」
●訪朝した両親との写真
伊藤「お父さんはたくさん来て……」
桂先「オモニがもっとたくさん来ました」
字幕「オモニ＝お母さん」
伊藤「オモニの方が多かったんですか」
桂先「また来るって言ってたけども、いまだに来てない。指折り待っとれって言ったけど来ないんです」
●桂先さんのアップ
桂先「だから歳があるから、もう1回来て顔でも見たいと思っているのに」
伊藤「そうねえ、今は船で来ることができないということがあるしね」
●万景峰号の前の桂先さんと夫の写真
NA「朝鮮の親族を訪問する在日朝鮮人の多くは、「万景峰（マンギョンボン）号」を使っていた。飛行機よりも簡単に往来できるからだ。だが2006年に日本政府は、朝鮮への経済制裁の柱として朝鮮船籍の船の日本入港を禁止」
字幕「母親　許必年さん」
●新潟港の万景峰号
NA「桂先さんの母親は、娘と会うため十数回も訪朝していたが行くことが出来なくなった」

母から知らされた自らの被爆

●桂先さん
伊藤「桂先さんが自分が被爆者だと知ったのはいつですか」
桂先「2004年。あの時にお母さんが来てね、お母さんから言われました。そしてその時はあまり知らなかったのにね」
●訪朝した時の母親の写真

NA「母親は、娘の健康状態があまりにも悪くなっているのを見て驚いた。そして娘に、親子で被爆していることを告げた。それは、広島への原爆投下から59年も過ぎてからのことだった」

●桂先さん

桂先「初めて被爆というのを分かりました。あの時、知った時にね、私自体がビックリしたんです。私が何で被爆になったのか、知らないから私も。親からそういうこと1回も聞いたことがないからね。それ以外はね、何も言ってくれないから私は何も知らないんです。いまだにも」

●原爆ドーム

NA「母親から知らされたのは、3歳の時に母親に連れれて広島へ行き残留放射能を浴びた、つまり入市被爆したということだけである。その時の詳しいようすは、まだ聞いていない」

●桂先さんのアップ

桂先「もしオモニに会っても、オモニに具体的に私が聞かないといけないのに、オモニいなかったら誰に聞くんですか。それで生きてる間に一回、オモニに会ってからこういうこと一回聞いてみたいなと思う考えもあったんです。でも、私が（自分の被爆を）知った後はまだ1回もオモニに会ってないから。ぜんぜん知らないのよ」

59年間も黙っていた理由

●高台からの大竹市

字幕「広島県大竹市」

NA「なぜ母親は娘に、59年間も被爆の事実を告げなかったのか。その理由を知りたくて私は広島県大竹市で暮らす許必年（ホ・ピルニョン）さんを訪ねた」

●車から降りて母親の家に入る伊藤

字幕「2008年7月」

伊藤「こんにちは」

家族「イェー（はい）」

伊藤「伊藤です」

伊藤「こんにちは。伊藤です。今日はよろしくお願いします。昔の話を聞かせてください。お邪魔します」

●室内に座る母親

字幕「母親　許必年さん」

伊藤「あのね、今、平壌に住んでいる桂先さんに、桂先さんが被爆していると、一緒に広島へ行ってそこで放射能を浴びてるていうことをずっと言わなかったで

すよね。おばあちゃん言わなかったでしょ、自分の娘に。お前、被爆したことがあるという話をしなかったでしょ。それはどうしてですか」
母親「嫁いかれんけ。ハハハ、嫁いかれんけ。隠したの。嫁いかれんや。孫まで何になるけ。嫁いかれんけ、絶対言わん」
伊藤「その後ね、ご主人と一緒に平壌に何回も会いに行きましたよね。その時にも言わなかった？　だけど、その時は嫁に行ってたでしょう」
母親「行っても言わんかった」
伊藤「言わなかったの？」
母親「それは、別れたらいけんけ」
伊藤「ああ、そういうことですか」
母親「そうよ、だまされたいうて、別れたらいけんけ。そうよ、あの点がある。絶対言わん」
母親「自分がね、言うたらもう、胸抱えたらいけんけ思うてから、何にも言わんかった言うたら、ものすごう泣きおったよ。お母さん、何で言わんかったかいうて、治療せないけんのに。何で言わんかったかいうて」

「原爆の子」だと反対された結婚

●金日成広場と主体思想塔／階段を降りて外へ出る桂先さんと夫

NA「母親は娘の結婚を心配し、被爆の事実を教えなかったという」
●近所の子供たちと話をする夫妻
NA「被爆者であることを告げられた桂先さんは、自分を次々と苦しめてきた病の正体をようやく知った」
●インタビューに答える桂先さん
桂先「私がそれ（被爆）を知ると結婚するのも引け目を感じるし。知っていながら相手の人に被害させる、そういうあれを無念に思うから、何も言わなかったみたいよ、親は。知らないほうがもっといいんじゃないかって。
●原爆ドーム
桂先「そうじゃなくても結婚の時にね、うちの旦那さんのお父さんが反対したんです。ダメだって。原爆の子だからダメだって。一言でね。どこから来たかっていうから、広島から来たっていうたら、原爆の子だからダメだって。お父さんがね。うちの旦那さんの舅が、ダメだってちゃんと断られたんです。それなのにうちの人が、意地張っててね。暮らすって言って、それから日本に知らせたわけよ」
●アパート前を散歩する夫妻
NA「桂先さんの夫・金潤吉（キム・ユンギル）さんも、日本からの帰国者。退職してからは穏やかな生活を送ってきた」
字幕「桂先さんの夫　金潤吉さん」
●室内の夫
夫（朝鮮語）「私の恋人は広島出身だと　友達に言うと」
●大学時代の二人の写真
夫（朝鮮語）「広島といえば　被爆者かもしれないじゃないか。そういうことを　友達はアドバイスしてきたのです。いや　それは問題ないと。お互いの愛情と信頼があれば　いいじゃないかと言いました」
NA「二人はともに、『建設大学』で熱工学を学んだ」
●室内の夫
伊藤「そこで知り合ったということですか」
夫「（笑）ええ、まあ」
夫（朝鮮語）「4年前に（被爆を）知って驚き　あわてました」
●結婚式の写真
夫（朝鮮語）「でもじっくり考えてみると　これは運命のようなもので、信念が揺らいではいけないと。愛情と信頼で、誰よりも誇らしい生活を送るべきではないかと決心しました」
●桂先さんアップ
桂先「旦那さんは今はそういうことには、原爆の子じゃなんじゃいうことについては、一切口出しもしないし、どうにかして健康を保ってから長く一緒に暮らさないとって。うちの人が一生懸命言うてくれるんです。病気に倒れたらだめだって」

●夫婦の昔の写真

桂先「意思を強く持って病気を生きないと、精神的に生きないと絶対に病気に倒れてしまったら体をもたないし、早く自分の生命を自分の命をそのくらいに暮らせないから、勝たないとダメだって。精神的に」

●ピアノを弾く孫

伊藤「自分のそういう被爆者になった体験を、子どもさんや孫には話をしてますか」

●桂先さん

桂先「あんまり言ってません。私も言いにくいしね。それから、子供たちに言ったら悩むでしょう。子供たちへの影響に、どういうふうな影響があたるかいうのも、心配でね。私一人で悩みましたんです。子どもたちに影響がある、それがものすごく心配でね。それから後先、どういうふうな病状が出るか分からないから。今は私の病状について旦那さんが心配しているけど、私は私で子どもたちが心配なんです」

●窓の外を見る桂先さん

NA「桂先さんは、自分の被爆を59年間も母親が黙っていたことを悔しがる。それなのに子や孫たちへは、自

らの被爆について語るのをためらっている。それほど被爆の事実は、桂先さんにとって重いのだろう」

朝鮮人被爆者の実態

●サンフランシスコ講和会議

NA「日本の被爆者たちは、原爆を投下した米国ではなく日本の政府との闘いを続けてきた。その理由は、1951年に結ばれた『サンフランシスコ平和条約』で、原爆被害者に対する米国への賠償請求権を日本政府が放棄したからだ」

字幕「1951年　サンフランシスコ平和条約」

●手当てのリスト／「被爆者健康手帳」

NA「日本政府は被爆者たちの補償要求に対して、日本で暮らす被爆者にのみ『健康管理手当』などを支給してきた」

●裁判所前の人々

NA「日本以外の国で暮らす広島・長崎の被爆者のうち、『被爆者健康手帳』の交付を受けているのは約4200人。その在外被爆者の約65％は韓国人で、次に多いのは米国やブラジルの日系人たちである」

字幕「2007年11月1日　三菱広島・元徴用工被爆者最高裁判決」

●裁判の新聞記事

NA「彼らはたくさんの裁判を起こすなどして日本政府と闘ってきた。その結果、手当てなどを自分の国にいても受け取ることができるようになった。また、手当て受給の条件である『被爆者健康手帳』の申請も、自分の国に置かれている日本政府公館で可能となった。

●元安川と原爆ドーム

NA「被爆した朝鮮人のうち、帰国したのは広島からが約1万5000人、長崎からが約8000人。その大部分は朝鮮半島南側の韓国へ帰国し、北側の朝鮮へは約2000人と推定されている」

●韓国・朝鮮人被爆者のモノクロ写真

字幕「撮影　伊藤孝司」

NA「広島と長崎で被爆したのは日本人だけではない、ということを私が知ったのは1983年。すぐに広島と長崎を訪れ、日本で暮らす韓国・朝鮮人被爆者の取材を始めた。彼らの話を聞く中で、地球上からすべての核兵器はなくすべきだ、と確信するようになった」

NA「被爆者であっても、日本政府から何の措置も受けて

いないのが朝鮮で暮らす被爆者である。その存在が明らかになり、組織化されたのは李実根（リ・シルグン）さんの奮闘の結果だった」

字幕「在日本朝鮮人被爆者連絡協議会　李実根（リ・シルグン）会長」

●焼け野原になった広島市内の写真

NA「歩いて入った広島市内は、死の町と化していた。建物は完全に破壊され、人や動物の焼けこげた死体だらけだった。この光景は、李さんの脳裏に深く刻まれる」

字幕「撮影　米軍　提供　広島平和記念資料館」

字幕「撮影　川原四儀」

●自宅の李実根会長

字幕「在日本朝鮮人被爆者連絡協議会　李実根会長」

NA「李さんは社会運動へ参加するようになり、忙しく走り回る生活が続いた」

李「頭の中に持ち上げてきたのが1945年8月7日の入市被爆のことでした。それで……、それを思う時に、なぜ広島にはあれだけの被害者がたくさん出たのに、朝鮮人の被爆者組織がないいんだろうか、ということに疑問を抱き始めたんですね」

●「朝鮮人被爆者協議会」結成集会の写真

NA「さまざまな障害を乗り越え、1975年8月2日、『広島県朝鮮人被爆者協議会』を結成。最初に取りく

んだのは、朝鮮人被爆者の実態調査だった」
●自宅の李実根会長
李「かなりこれはもう大きな成果を上げました。その実態をみて、朝鮮人がいかに惨めな生活をしているのか、被爆した直後の差別、被爆前の差別、苦しみ、被爆時、そして被爆後の惨めな生活、そういったものがバーッと出始めたですね」
●帰国のために新潟へ向かう人たち
NA「李さんは、朝鮮への帰国事業が始まった年から、帰国者たちを新潟まで送り届ける仕事をしていた」
李「そん中にたくさんの被爆者がいるということが、自分が連れて行く時に分かったんですね」
●自宅の李実根会長
李「だんだん日にちが経つにしたがって、北朝鮮へ帰った人たちがどうしているんだろう、元気なんだろうか、何をしてるんだろうかってやっぱり気になるもんですから。組織を作ろう、いうふうに思いまして。組織をつくるためには、私が実際に広島でやったように実態調査をやらないといけない」
●李実根会長が92年に訪朝した時の写真
NA「1万枚の調査用紙を持って李実根さんは1992年に訪朝。それによって朝鮮での初の被爆者実態調査が行なわれ、その3年後には『反核平和のための朝鮮被爆者協会』が結成された。朝鮮人被爆者のために、人生を捧げてきた李さんの執念が実ったのである」

在朝被爆者の証言

●公園で語る李福順さん

字幕「李福順（リ・ボクスン）さん　広島で被爆」

字幕（朝鮮語）「空襲警報が鳴ってたんですが、解除されたので外に出てみると飛行機の音がしたので　空を見たんです。多分、B29でしょうね　飛行機が小さく見えたんです。そして少しすると『ピカッ』と光ったんです。こんな天気がいいのに　雷でも落ちたのかと思いました。すると『ドーン』と　爆発音が聞こえ、その次には爆風で窓が割れ　家も吹き飛ばされてしまいました」

●室内で語る朴文淑さん

字幕「朴文淑（パク・ムンスク）さん　長崎で被爆」

字幕（朝鮮語）「私があまりにも幼く防空壕に入ると泣くので、母は周りの日本人から「朝鮮人」（日本語）の子どもは良く泣くといって。母はいつも家の隅に厚い布団を　折りたたんで置いていました。母は原爆が落ちた時、私と兄さんと祖母に布団をかぶせました。そうやって私たちは　生き延びることができました。私の母は妊娠していました。お腹の子どもは、原爆の放射能とガスで死んでしまいました」

●室内で語る呂一淑さん

字幕（朝鮮語）「呂　一淑（リョ・イルスク）さん　広島で被爆」

字幕「外には髪が燃えてチリチリの人、目が飛び出た人、夏服の袖が落ちて服が燃え、胸がそのまま出た人、さらにはスカートが全部燃えてこのように……。本当に地獄そのものです。私は当時この光景をおいて、これ以上の地獄はないと思いました」

在朝被爆者をめぐる動き

●車からの平壌市内

NA「日本政府は朝鮮の被爆者に対して、医療支援を検討したことがある。韓国へ行なったのと同じように、被爆者を日本へ招いての検査と治療、朝鮮の医師への被爆者治療教育を日本で行なう、といった話が何度か出た。2001年には日本政府調査団が平壌へ派遣され、在朝被爆者の実態把握後に具体的支援策を検討することになった。だがこれも、日朝関係の悪化で完全に動きが止まっている」
●会議場で語る李哲会長
字幕（朝鮮語）「当協会は1911人の被爆者を調査し80％の方の死亡を確認しました。被爆者の死亡数は著しく増えています。被爆者の置かれている状況からしても、人倫道徳的にみても、過去の清算はこれ以上引き延ばせない問題です」
字幕「反核平和朝鮮被爆者協会　李哲（リ・チョル）会長」
●原爆ドーム前で語る李実根会長
字幕「在日本朝鮮人被爆者連絡協議会　李実根会長」
李「日本政府自身も、『被爆者はどこにいても被爆者』だという認識を持っているんだということを、はっきりと政府の政策を表に出しているわけですから。だとするならば、『被爆者はどこにいても被爆者』だということになれば、在朝被爆者は国交があろうとあるまいと、それは人道的な見地からきちんと解決をつけてやるべきではないかなと。必ずやらなければならない問題なら早急にやって欲しい。もう、まったなしです。被爆者はあとがないわけですから。それを僕は強く望みたいですね」
●車からの大同江と主体思想塔

NA「日朝関係改善をすぐには望むことができない状況の中で、日本の民間団体が動き出した。2007年12月には『在朝被爆者支援連絡会』が結成」
字幕「2007年12月　在朝被爆者支援連絡会結成」
●室内で語る川野浩一代表
字幕「在朝被爆者支援連絡会　川野浩一代表」
川野「私は『忘れられた被爆者』という言い方をよくするんですね。あるいは中には『消された被爆者』という言い方をされる人もいます。在朝被爆者そのものの存在が知られていない。在朝被爆者には何の援護措置もとられていないんです。これは非常に問題だと思います。2003年の国会内において明確にこれは人道上の問題だと。これはあくまでも日本政府と在朝被爆者の問題だと。国交回復なんて関係ないと。国と国との問題じゃないんだと。それはやらなければならない問題だって踏み込んだんですね。このまま放置していくと、結果的に何の援護も手を差しのべることもできないままにですね、この問題が終わってしまうんではないかと、そういう焦りを私は持ちましたね」
●桂先さんのアップ
桂先「朝鮮にいる被爆犠牲者たちは、1日でも早く補償をもって薬も病院も全部してくれないと、今は半分以上亡くなってしまっていないわけ。生きてる人はおそらく何人も残ってないみたいです。（私の）親が被害者として全部補償をもらっているのに娘がなぜもらえないか。一緒に同じ日、同じ時間に被害したのに。私たちが日本に行かなかったらそういう被害もなかったのに。日本側で朝鮮人を全部無理に連れて行って被害を受けたのに、それでも恨みがあるのに、なぜ補償してくれないし……」

●夕暮れの平壌市内／人々

NA「被爆者は高齢化し、病に苦しみながら次々と亡くなっている。日本政府が朝鮮の被爆者だけを放置していることは、人道的にも決して許されない。医療支援や手当ての支給などを直ちに行なうべきである」

国家と被爆者

●行進する兵士たち

NA「２００８年９月９日、朝鮮は建国60周年を迎えた」

●花を振る女性たち／空へ上る風船

NA「１９４５年、朝鮮は日本による支配から解放されたが、国土は南北に分断され、朝鮮戦争では同じ民族

同士が戦った」
●タイマツを持つ若者たち／花火
NA「米国を始めとする大国が巻き起こす嵐の中で、海に投げ出された小舟のような朝鮮……。だがこの国はたくみに危機をきり抜け、独自の価値観による国家を維持してきた」
●展示館外観
字幕「金日成（キム・イルソン）花・金正日（キム・ジョンイル）花展示館」
NA「60周年を祝う行事として、花の展示会も開催された
●正装した桂先さんら／展示館内
NA「桂先さんは、親しい被爆者たちと見学に訪れた」
●会場内で語る桂先さん
字幕（朝鮮語）「今日は共和国創建60周年を迎え、世界が尊敬する金日成花と金成日花展示館に来ました。私は帰国して48年になります。祖国で無料の教育と医療を受けて成長しました。これは偉大なる金日成主席の配慮で（金正日）将軍様の恩恵です」
●朝鮮を撮った伊藤の写真
NA「米国は、核兵器を含む圧倒的な軍事力で、隙あらば朝鮮を滅亡させようとしてきた。それに対して朝鮮は、自衛のためとして核兵器の開発と実験を続けている。私が朝鮮で会った被爆者は、誰もが自分の国のそうした選択を支持すると語る。核廃絶を願う私は、複雑な思いでそれを聞いた」
●金日成像に献花する桂先さんの家族
字幕「２００９年4月15日　金日成主席誕生日」

抜けた落ちた髪の毛

●高台からの大竹市
字幕「広島県大竹市」
●テレビで娘の姿を見る母親
母親「あー、泣いて泣いて、なんぼ息子が言うても納得がならん、ずうーっと泣きよった。自分に見えんことじゃ言うても耳に入らん」
字幕「母親　許必年さん」
伊藤「4年前に会った時と比べて健康状態はどのように思いますか」
母親「元気じゃ。あの時より今元気じゃ」
伊藤「私が2年目前に会った時よりも、娘さん元気になりましたよ」
母親「そうですか。あの時より今元気。やれやれ。これ聞いたら涙が出る」

伊藤「娘さん、桂先さんはずっと健康状態が悪かったと思うんですけども、原爆に遭う前、広島の市内へ行って放射能を浴びるまでは健康状態は良かったんですか」

母親「ものすごい元気やったけど、原爆おおてから、まーほんまに死ぬるんか思うてじゅうぶん泣いた。あれね原爆おおてからね、髪が抜かれて抜かれて。このくらいじゃったらバチャーとこうやって引っ張らんでもね、梳いてやろうと思うたら抜いたら、泣いて泣いて。原爆におおてね、これすぐ髪がね、そんなに思わんかったよ。娘じゃけん、梳いてやろうと思うたら、櫛まんま髪がみんな落ちるけん。びっくりしたらね。ほんまここ（額）みたいじゃけん。娘が鏡見れんて泣きおってから。どうしようもならん。これ抜けるけん。やれやれ」

●元安川で揺れる柳

NA「被爆してからすぐに抜け始めた髪の毛……。母親は、自分と娘が被爆したことを知った。その時から桂先さんを、さまざまな病が次から次へと襲うことになった」

桂先さんを襲う病

●車からの景色とつらそうな桂先さん

NA「桂先さんは、被爆者治療を行っている病院へ向かった。下痢がひどいとのことで、顔色がずいぶん悪く、つらそうだ」

●「医学研究所」外観／出迎える医師／診察室

字幕「医学科学院放射線医学研究所」

●桂先さんについて語る医師／診察を受ける桂先さん

字幕「チョ ウォンエ医師　被爆者担当」

医師（朝鮮語）「健常者と比べると、被爆者の状態は良くありません。他の人より免疫とか血液の数値が低いですね。健常者なら3日で直る病も、なかなか治りません。被爆者は治らないんです。桂先さんはいくつかの病気が重なっています。皮膚炎もあるし消化器も悪いし、神経の障害もあります。

●桂先さんについて語る医師／医師と話をする桂先さん

医師（朝鮮語）「1日10回下痢をしています。神経障害や頭痛・貧血もあります。検査をしながら治療をしています。桂先さんは他の被爆者と比べると、普通なら3つくらいの病気なのに、桂先さんは4～5つの病気が重なっています」

●桂先さんについて語る医師

医師（朝鮮語）「状態が大変悪いです。左側の腎臓に2～3センチの腫瘍がありますし、肝臓には慢性肝炎がありますし、すい臓も状態が悪いです。ですから消化が良くできない状態なのです」

●診察を受ける桂先さん／エコー検査の画像

NA「長年にわたって、被爆による後遺症との闘いに明け暮れた桂先さん。この日の検査でも新たな病が見つかった」

●桂先さん

桂先「検査するのがおっかないわけよ。また何の病気出てくるか分からないから。それで病院行かないの私は」

伊藤「なるほど……」

桂先「病院あんまり行かないんです私」

伊藤「怖いのね？」

桂先「先生はジャンジャン来い言うでしょ。電話で連絡が来るから。薬だけくれって」

●妻の病について語る夫

字幕（朝鮮語）「私の妻は被爆者なのですが、以前は病気がちで貧血もあり脱毛や下痢、腰痛に皮膚病など大変でしたが自ら解決できないかと。病院では診療科

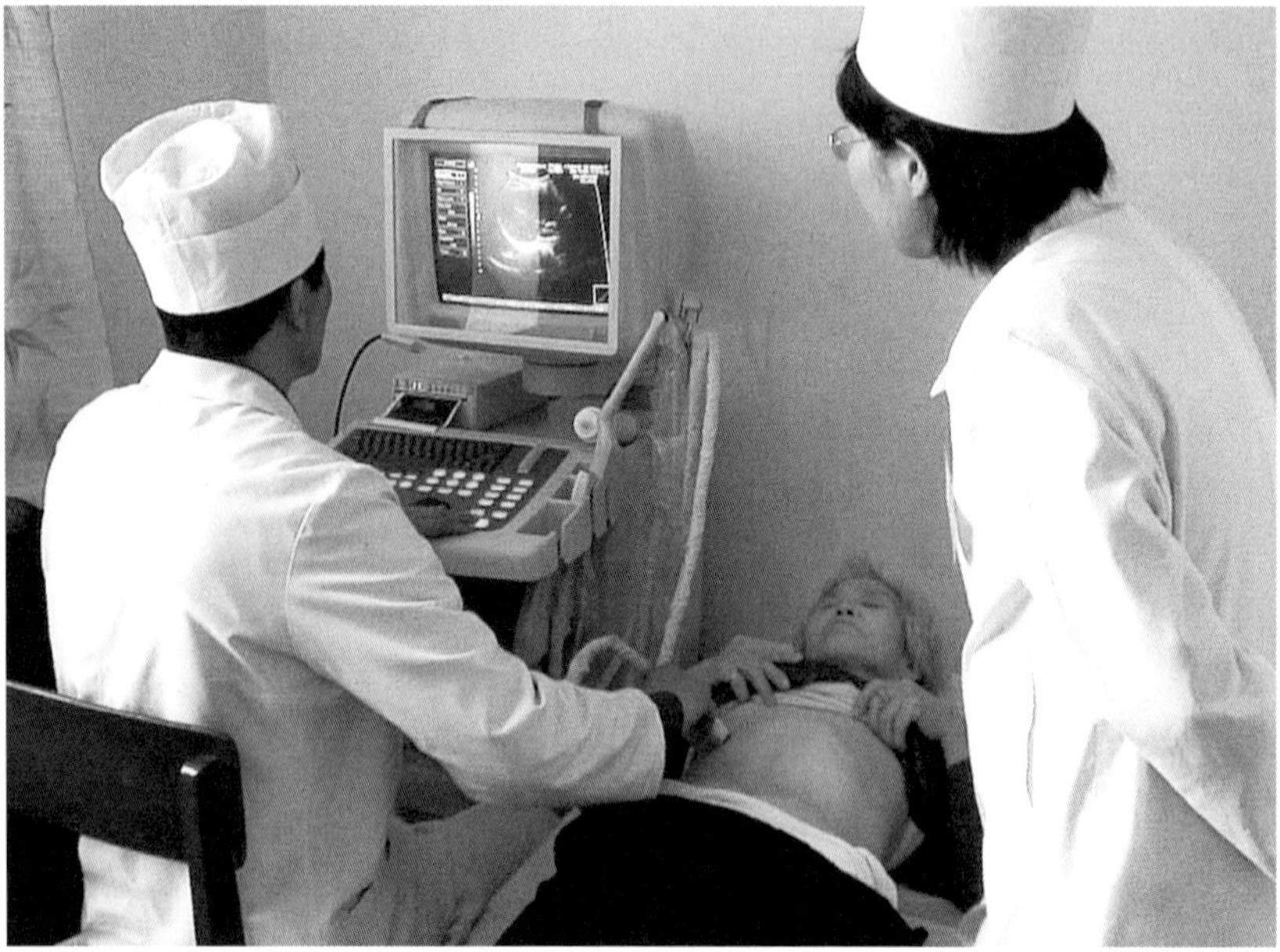

5つへ行かねばならず、心臓科・皮膚科・内科・外科などへ行くので、何とか鍼治療が出来ないか考えました」

●医学書と治療道具を説明

桂先「こういう本をね……。これ人体。腸の機能の図なのよ。足の裏にね、脊髄が痛いときはここにする。こう後ろでね、こうしてね。これが脊髄だから、こういうふうにね」

伊藤「そういう道具で、二人でお互いの病気をいろいろ治療してきたんですね。それも専門的に習ったんじゃなくて」

桂先「ええ、そうなんです」

オモニのキムチが食べたい

●車で山道を走る／城門の前を歩く／写真を撮る

NA「平壌の春は美しい。いっせいに木々は芽吹き、色とりどりの花が咲き乱れる。人々は家族や仲間たちと遊びに出る」

●笑う桂先さんと娘

NA「私は桂先さんの一家と、平壌市の郊外にある大城山（テソンサン）へと出かけた。みんな楽しそうだ」

●水槽のナマズ／サルの芸を見る／馬車に乗る／踊る桂先さん／屋外で食事

●食事しながら語る桂先さん

桂先「いまさら考えたらね、あの時ね、お母さんのおいしいキムチもっとたくさん食べて来たら良かったなと、子供たちに言うけどね、昔話として」

伊藤「じゃあ、もう一度オモニのキムチ食べてみたいですか」

桂先「ええ、ハハハ」

●夕暮れの並木

民間での医療支援

●平壌空港外観／医師会の人たち

NA「2008年9月、広島県医師会の代表団が平壌を訪問した」

●会議室に入る碓井静照会長／医師会事務所で語る会長

伊藤「今までですね、広島県医師会が在外被爆者問題に、取り組んでいらっしゃったわけですけれども、その取り組むきっかけとですね、経緯を教えていただきたいんですけど」

字幕「広島県医師会　碓井静照（うすい・しずてる）会長」

碓井「結構ですね、広島県医師会の在外被爆者支援という

のは古くて、もう30年にもなろうかと」

●北米・南米での被爆者健診の写真／医師会事務所で語る会長

碓井「今では国や県の支援を受けてやっていますけれども、それはごく最近の数年間のことでして。もうすでに1977年には、サンフランシスコ・シアトル・ロサンゼルス・ハワイの被爆者の検診をしようという動きがありまして、ずっと医師会独自でそういった仕事をしてたんですよ」

●平壌の病院を視察する医師会／医師会事務所で語る会長

碓井「このたび新たに北朝鮮の被爆者の人たちについても思いをはせてですね。国レベルでは拉致問題とか6カ国協議の問題とか少しずつ難しい問題がありますけれども、我々は純粋に医学的な立場で医療支援という形でいきますので。『被爆者はどこにいても被爆者』だと、いう考え方から支援させていただこうと……。国家とかあるいは主義とかあるいは核問題の動きとかそういうこととは関係なく、拉致問題とか関係なく純粋に医療的な面で考えていこうと思って……」

「被爆者健康手帳」が欲しい

●朝日の中でかすむ市内

NA「2004年に平壌へ行った母親は、ひどくなっている娘の健康状態に驚く。桂先さんに被爆者であることを告げると共に、娘にも『被爆者健康手帳』を取得させることができないか、関係者に相談をした。『手帳』があれば自分と同じように、手当などの支給が受けられると思ったからだ」

●原爆ドーム前で語る李実根会長

字幕「在日本朝鮮人被爆者連絡協議会・李実根会長」

李「本人が『被爆者だ』と言っても、日本側の行政当局がそれを認めない限り被爆者としては認められないんですよね。それで、それをまぁ調べようということで、去年（07年）の4月に広島県庁、県庁にも原爆関係の事務をとっていますので、県庁の方に問い合わせて向こうに行って書類を見せてもらったんです。

●母親の「手帳」申請書類／「被爆者健康手帳」／ドーム前の李会長

李「そこに『李桂先』の名前が出ていましたので間違いないと。しかも入市被爆。何とか日本に入れて手帳を取得させて、手当でも受け取るようにしてあげたいなと思ったんですね」

字幕「松本桂子＝李桂先さんの日本名」

●桂先さん夫妻と話をする伊藤

NA「たとえ『手帳』が取得できても、日本政府からの手当てをいつになったら受けることができるかは分からない。それでも桂先さんは、2006年には次のように語っていた」

●桂先さん

伊藤「手帳を取りたいという気持ちはありますか」

桂先「ええ」

伊藤「それはどうして手帳が欲しいんですか」

桂先「それは自分に補償してくれる証明書だから。そうじゃありませんか。それがなかったら補償できないんじゃありませんか。世界のみんなに補償する道はその証明書以外は誰も補償してくれないから、口で言ってもそれは補償できない。被害は日本で受けたのに、何のために国と国境と民族を差別しなければいけませんか。そういう差別は必要ないと思います。誰しも一緒に被害を受けたら、日本人民と同じ補償をすべきじゃないですか」

●原爆ドーム

NA「広島での被爆の証として、手帳取得を強く望む桂先さん。自らの健康を大きく蝕み、今も苦しみ続けている原因が、広島での被爆であることを日本政府に認めさせるためだ」

●質問する伊藤と答える母親

伊藤「娘さん、日本へ来たら『被爆者健康手帳』をもらうことが出来るんですよね。娘さん広島に来て手帳もらうことができるとしたらどうですか」

母親「あれらうれしいじゃろ」

伊藤「おばあちゃんはどうですか。うれしいですか」

母親「やっぱり治療ができるけん」

伊藤「手帳があると?」

母親「うん、手帳があったら治療ができる。何でも金かけんでも」

●大同江で揺れる柳

NA「2007年11月、日本政府は『手帳』取得のための桂先さんの入国を受け入れると表明。ところが、付き添い人の日本への入国は認めなかった。体調の良くない桂先さんが、一人で来日することは不可能であるため、この話は実現しなかった。厳しい日朝関係が、母親と娘の願いを打ち砕いたのである」

●08年6月の桂先さん

桂先「行って手帳取りたいけど、日本政府側でね、こういうふうに止めてるから。それから、身元の安全の保証がないから行かれない。そうでしょ。どういうことが起きるか分からないのに、日本政府側で責任を持たれないのに、どないして行かれますか。それで、国交正常化がどうか知らないけど、今はぜんぜん。そういう気持ちはとられません。安全担保がないから」

伊藤「日朝関係がこういう状況だから残念ですね」

桂先「ええ」

●大同江でボートに乗る人たち

NA「朝鮮には被爆者だけでなく、日本の朝鮮支配による膨大な数の被害者がいる。彼らは死ぬ前に、自らの人生を大きく変えた被害に対して、日本政府からの謝罪と補償を受けたいと心から望んでいる」

互いを想う母と娘

●やってくる自動車／車窓の景色／車から降りる／温泉に入る桂先さん

NA「桂先さんは時々、温泉を使う療養所へ出かけている。被爆による後遺症を治すことはできないが、その苦

しみを少しでも和らげるためだ」
桂先「もう皮膚がね、エビセンみたいに赤くなっちゃって……」
伊藤「ああそうですか」
桂先「エビみたいに赤く」
●花のアップ／リス／松の木の下で歌う夫
夫「♪南山のあの青い松の木は」
夫「何だっけ？」
字幕「♪雪や霜に埋もれ　艱難辛苦を経ても　♪陽春を迎え　よみがえりしを　♪友よ　知らざるや」
夫「こんな歌です。（日本語）まあ、歌が下手くそやけど」
夫「松は私たちの生活に親しい友となり、ずいぶん助けられました。松の葉茶や脱毛予防、栄養剤にもなるんですよ」
●花々が咲き乱れる中を歩く桂先さんと夫／自宅で人形を手にする桂先さん
伊藤「それは？」
桂先「お母さんが持ってきたんです」
伊藤「あー、他にお母さんからもらったものはどんなものがあります？」
桂先「犬とかね、それからミッキーとかね」
伊藤「この中ではどれがそうですかね？」

●たくさん並んだ人形／ピカチュウ

桂先「これこれこれ、ぜんぶお母さんが持ってきたんです。こっちも。一番端も」

伊藤「ピカチュウだね」

桂先「ピカチュウ。それからウサギも」

伊藤「それがお母さんの思い出がある？」

桂先「アハハハ」

●桂先さん／たくさん並んだ人形

伊藤「こういったものを見たら……」

桂先「思い出します」

伊藤「思い出します？　その時のことを思う出します？」

桂先「その当時、お母さんやらね、妹たちが来たときの思い出をね、子供たちが思い出すわけよね。話もしたり……。おばあちゃん、早く、もう1回でもいいから見たいってね。はよ来て欲しいって子供たちが言うのよね」

●テレビに映る母親の映像／テレビを見つめる桂先さんと二人の孫

伊藤「桂先さん、お母さんが話をしているのを久しぶりに聞いてどうですか」

桂先（朝鮮語）「お母さんが　そばにいるようね」

伊藤「どうですか、お母さんの健康状態をみて」

桂先（朝鮮語）「健康そうに見えるわ。健康そうな姿を見せてくれて　どうもありがとう。皺も多くなったし、随分変わったわ」

伊藤「お母さんにもう一度会ってみたいですか」

桂先（朝鮮語）「会いたいのでぜひ来て欲しい。伝えてください」

●質問する伊藤と答える母親

伊藤「おばあちゃん、自分の身の回りの人がたくさん原爆に遭って、死んだ人もいるし、娘さんは原爆で今も苦しんでいるし。おばあちゃんはそういう原爆をどう思いますか」
母親「原爆いや、原爆はいや、原爆だけはいや。これ（髪）がないだけに……。原爆だけはいや。あれ思い出したら涙が、今でも涙が出る。どれくらい苦労したか。よう泣いたよ」

●海に石を投げて遊ぶ桂先さんと夫

NA「この海の向こうには、共に被爆し、今は別れて暮らす母親がいる」

●海岸を散歩する夫妻

NA「広島と平壌……。日本と朝鮮の関係悪化で、その距離は果てしなく遠い。しかし、朝鮮で暮らす被爆者たちの怒りと悲しみを、二つの国の人たちがしっかりと受け止めること……。そこから、この状況を変えていくことができると私は思う」

母親へのビデオレター

●海岸で母親に語る桂先さん

桂先「お母さん、お元気ですか。桂先ですよ、娘がご挨拶します」

「会いたい、お母さん。入院したと聞いたのですが、お世話もできず。年始の挨拶もできなくて　本当にすみません。お母さん、早く病気を治してくださいね。私も気が気でなく心苦しいけど」

「お母さんに会いたいです。お母さん。一日も早く、ひと目でも会いたいです。お母さんに会いたくて、心の中で何度も呼んでも答えてもらえず、今か今かと待っていて、船（万景峰号）が来たら会えるかと思ったのに船も来ない」

「お母さん早く治さないと会えないでしょ。私自身は行けないし、お母さん、妹たちと話し合って、ぜひ会いに来てください」

「今回は伊藤さんが被爆者問題で訪ねて来られたので、こうして話しています」

「しょっちゅう具合が悪いけど、原因不明。昔のことも、お母さんと小さい頃に別れてしまい、お母さんやいろいろなことも何も知らないので、母さんと一度でいいから会って話を聞きたいの。どこでどうやって　被爆したか知りたいです」

「一日でも早く会いたいです。お母さん、私がどれほど会いたいか分からないでしょうね。お母さんも高齢でしょうが私もこんな年。お母さんが1歳でも年をとる前に会いたいの。病気だと聞いてどれほど心配か」

「船（万景峰号）が着くかなと首を長くして待ってるのに、日本政府は制裁しないと言ってたけど、何だかんだとこじつけて船も来れなくしてしまったでしょ。私もお母さんが来ればいいと思うけど、日本政府が制裁し続けているから、行くことも来ることも出来ないのよ」

「そんな時、伊藤さんがいろいろ助けてくれて、本当にお世話になっています」

「お母さん、どうか分かってください。一日も早く会って私の被爆状況を教えてください。兄弟も　私の被爆は知ってるけど、具体的なことは知らないので、日本から来る方々から聞かれても幼い頃お母さんについて（広島市内へ）行ったことしか分かりません。詳細はお母さんしか知らないので、私の病気を治すためにも、お母さんと会って話したいです」

「祖国も私の病気を知り、療養所へ行かせてくれて、病院でもいろいろ手を尽くしてくれています。将軍様の配慮で被爆者は保護を受けているし、病院でも研究所を別につくって、誠心誠意治療してくれています」

「お母さん、一度でいいから会いたいです。子ども達もおばあさんに一度会いたいといつも言います。夫も私の兄弟に会いたいと言っているんですよ。お母さん、この歳になるまで母を慕う娘の気持ちを理解してください」

「私の体調がすぐれないと家族がとても心配して、送ってくれた薬も使ってるけど、一度倒れると　起き上がれなくて、家中皆が気を使ってくれます」

「この歳まで親に会いたがる娘は罪深いのかもしれませんが、年老いても母や兄弟に会いたいです。兄弟は手足で妻子は宝だと言われますが、私はお母さんが私たちをどれほど慈しんでくれたか、お母さんがありがたくも哀しくも恨めしくも思えます。母さん早く来てください。もう一度一目でも会いたいです」

「国の方で療養所に行かせてくれたし、伊藤さんのインタビューを受けて、お母さんに伝えてくれるというのでマイクに向かって話しています」
「お母さんも妹家族もみんな元気でいるでしょうし、祖国の私たち家族も元気なので、ぜひ訪ねてください」
「それではお母さん、お体に気を付けて必ず病気を治して祖国に来てください」
「お年賀もできなかったけど、お母さん、お元気で長生きしてください」
「さようなら」
●涙をぬぐい海を見つめる桂先さん／暗転

母親の死

字幕「5日後」
●母親の遺影
字幕「2009年4月17日　許必年さん逝去」
字幕「享年86歳」
●ろうそくの炎／「広島平和祈念公園」の「平和の灯」
エンドロール

●原爆ドームから昇る太陽

字幕　企画・構成　伊藤孝司
監修　李実根（在日本朝鮮人被爆者連絡協議会会長）
撮影　伊藤孝司
撮影協力　熊谷均　前川光生
写真　伊藤孝司
編集　土屋トカチ　小林アッシ
音楽　河弘哲
翻訳　大畑正姫
ナレーション　伊藤孝司
朗読　新屋英子
取材協力◎〈朝鮮〉朝鮮対外文化連絡協会／反核平和のための朝鮮被爆者協会／医学科学院放射線医学研究所　〈日本〉在日本朝鮮人被爆者連絡協議会／在朝被爆者支援連絡会／在日本朝鮮人総聯合会広島県本部／広島県医師会
資料提供◎広島平和記念資料館／総聯映画製作所／三菱広島元徴用工被爆者裁判を支援する会／毎日新聞社／朝日新聞社／郷土出版社／李実根／広島県医師会
制作協力◎日本電波ニュース社／韓国の原爆被害者を救援する市民の会／在日本朝鮮留学生同盟

東海地方本部／在日本朝鮮留学生同盟東京地方本部／在日本朝鮮留学生同盟中四国本部／在日本朝鮮留学生同盟京都地方本部／在日本朝鮮留学生同盟兵庫地方本部／在日本朝鮮留学生同盟九州地方本部／コリアンネットあいち／金順愛／金子哲夫／伊藤恵

協力◎＊個人氏名省略（137人）

NTT労組愛知県グループ連絡協議会／大阪朝鮮高級学校／岡山県平和人権環境労組会議／かりの会／岐阜県地下壕研究会／原水爆禁止鳥取県民会議／原水爆禁止広島県協議会／在日韓国青年同盟大阪府本部／在日韓国民主統一連合三重本部／在日コリアン青年連合兵庫地方協議会／在日本朝鮮留学生同盟京都地方本部／在日本朝鮮留学生同盟中央本部／全日本自治団体労働組合岐阜県本部／全日本建設運輸連帯労働組合関西地区生コン支部／全日本建設運輸連帯労働組合近畿セメント支部／全日本建設運輸連帯労働組合近畿地方本部／中外旅行社／日朝友好三重県民会議／日本教職員組合／日本放送労働組合中国支部／濃飛乗合自動車労働組合／反差別・人権研究所みえ／ビデオプレス／広島県高等学校教職員組合尾三地区支部／広島県平和運動センター／平和フォーラムしまね／マンナメ水曜会／水と緑を考える三重県連絡会北勢支部

許必年さんご家族

特別協力◎原水爆禁止日本国民会議

制作　ヒロシマ・ピョンヤン制作委員会

監督　伊藤孝司

2009年制作

伊藤　孝司（いとう　たかし）

1952年長野県生まれ。フォトジャーナリスト。(社)日本写真家協会会員。日本ジャーナリスト会議会員。

日本の過去と現在を、アジアの民衆の視点からとらえようとしている。アジア太平洋戦争で日本によって被害を受けたアジアの人々、日本がかかわるアジアでの大規模な環境破壊を取材し、雑誌・テレビなどで発表している。また、日韓・日朝関係に関する取材にも力を入れている。

（著書）『地球を殺すな！　環境破壊大国・日本』『続・平壌からの告発』『平壌からの告発』『破られた沈黙』（以上、風媒社）。『アジアの戦争被害者たち』（草の根出版会）、『棄てられた皇軍』（影書房）、『原爆棄民』（ほるぷ出版）など多数。

（ビデオ作品）『長良川を救え！』『アリラン峠を越えて』『銀のスッカラ』など多数。

URL「伊藤孝司の仕事」 http://www.jca.apc.org/~earth/

ヒロシマ・ピョンヤン制作委員会
〒462―0825　名古屋市北区大曽根４―６―60
コリアンネットあいち　気付
iinkai@mbn.nifty.com
http://www.jca.apc.org/~earth/iinkai.html

装幀＝夫馬デザイン事務所

ヒロシマ・ピョンヤン　棄てられた被爆者

2010年3月1日　第1刷発行　（定価はカバーに表示してあります）

著　者　伊藤　孝司

発行者　稲垣　喜代志

発行所　名古屋市中区上前津 2-9-14　久野ビル
振替 00880-5-5616 電話 052-331-0008
http://www.fubaisha.com/
風媒社

乱丁・落丁本はお取り替えいたします。　＊印刷・製本／チューエツ

ISBN978-4-8331-1083-9